CABEZAS

AMUEBLADAS

FRBM.

Francisco R. Breijo Márquez

A MODO DE INTROITO

A lo largo de mi vida —profesional, intelectual y emocional— me he nutrido de un puñado de cabezas pensantes cuya influencia ha sido decisiva, aunque algunas de ellas, con el paso del tiempo o el juicio implacable de lo políticamente correcto, hayan sido relegadas a los márgenes del respeto público. No los elegí por su conveniencia ni por su acomodo en los cánones sociales; los elegí —o más bien me eligieron— por su lucidez feroz, su capacidad de pensar a contracorriente, su irreverencia frente a los dogmas y su coraje para decir lo indecible. En ese santuario de ideas conviven Voltaire con su ironía acerada, Unamuno con su lucha interna hecha verbo, Maquiavelo con su despiadada lucidez, Camus con su absurda dignidad, y hasta ciertos herejes modernos que se negaron a doblar la cerviz ante los templos de lo establecido. Todos ellos me ayudaron, de algún modo, a pensar con voz propia.

SÓCRATES: EL FILÓSOFO DE LAS SOMBRAS

En las brumas de la antigua Atenas, donde el mar susurra secretos y las piedras cuentan historias, surgió un hombre cuyas palabras resonarían a través de los siglos. Sócrates, el filósofo de las sombras, caminaba por las calles en busca de verdades ocultas, sin pluma ni papel, sin el peso de la escritura, pero con la ligereza de la sabiduría. Un ser que, al igual que Jesucristo, vivió en la oralidad, en el diálogo, en la chispa de la conversación. Sencillamente, no sabían leer ni escribir.

Nacido alrededor del 470 a.C., en una Atenas que vibraba con el eco de la democracia y la filosofía, Sócrates era hijo de un cantero y una comadrona. Desde su infancia, el joven Sócrates se vio inmerso en un mundo de ideas, donde las palabras eran la moneda de cambio más valiosa. Sin embargo, no fue un estudiante de libros; su educación se forjó en el crisol de la experiencia, en las interacciones humanas.

Caminaba descalzo por las calles, su cuerpo robusto y su cabeza despejada, como un escultor que esculpe verdades en el aire con cada pregunta que planteaba.

"Conócete a ti mismo", decía, y esa era su única enseñanza.

En el oráculo de Delfos, se le atribuyó la frase que lo definiría: "Nadie es más sabio que el que reconoce su propia ignorancia". Así, Sócrates se erguía como un faro en la oscuridad del conocimiento, guiando a los perdidos hacia la luz de la auto-comprensión.

En lugar de dictar verdades absolutas, instaba a sus interlocutores a cuestionar sus propias creencias, como un jardinero que con manos suaves arranca las malas hierbas del pensamiento, dejando florecer la sabiduría.

En cada encuentro, su voz resonaba, sus palabras se entrelazaban como hilos de un tapiz, y la gente se reunía a su alrededor, atraída por su magnetismo. Las plazas se convertían en sus aulas, y las discusiones, en un arte. Era un maestro sin discípulos formales, un filósofo que no escribía, pero que dejaba su huella en la memoria de quienes lo escuchaban. La ironía de su método socrático, que consistía en hacer preguntas para desmantelar ideas preconcebidas, se transformaba en una danza de mente a mente, un juego de luces en el que la verdad se revelaba lentamente, como el amanecer tras la oscuridad de la noche.

Las anécdotas sobre su vida son tantas como las estrellas en el cielo ateniense. Se dice que, en una ocasión, un joven aristócrata se acercó a él, lleno de arrogancia y confianza en su propio conocimiento. Sócrates, con su mirada penetrante, le preguntó: "¿Sabes qué es la justicia?". El joven, seguro de sí mismo, comenzó a recitar definiciones, pero cada intento fue desmantelado por la aguda mente de Sócrates. Al final, extenuado y avergonzado, el joven se dio cuenta de que había llegado a la conversación como un sabio, pero se retiró como un aprendiz.

Otro relato cuenta cómo, en una ocasión, Sócrates fue invitado a una cena en casa de un amigo. Entre los comensales, se encontraba un hombre de gran fama y riqueza, que hablaba de sus logros con voz altisonante. Mientras el banquete avanzaba, Sócrates observó la vanidad del hombre y decidió jugar con las palabras. Con una sonrisa serena, le preguntó: "¿Te consideras un hombre feliz?". Al principio, el hombre respondió con arrogancia, enumerando sus posesiones y títulos, pero al final, tras un intercambio de preguntas, se vio forzado a reconocer que la verdadera felicidad no se encontraba en lo material, sino en el conocimiento y la virtud. Así, en cada encuentro, Sócrates sembraba las semillas de la reflexión, cultivando un jardín de entendimiento en el corazón de sus interlocutores.

Pero la vida de Sócrates no fue solo un camino de luz. Al igual que el sol que ilumina y quema, su búsqueda de la verdad lo llevó a la confrontación. En Atenas en la que la democracia era frágil y las voces disidentes eran peligrosas, la insistencia de Sócrates en cuestionar todo lo establecido lo convirtió en una diana. Fue acusado de corromper a la juventud y de impiedad, un eco de la desesperación de aquellos que temían a la verdad.

En su juicio, se enfrentó a sus acusadores con la misma serenidad con la que había debatido en la plaza. "La vida no examinada no merece ser vivida", proclamó, como un faro que desafía la tormenta.

Su condena fue la cicatriz de su existencia. Fue sentenciado a muerte, y en la prisión, tuvo la oportunidad de escapar, pero eligió la muerte con valor, como un soldado que no abandona su puesto.

En sus últimos días, Sócrates se rodeó de amigos, quienes lloraban su inminente partida. Sin embargo, él, imperturbable, los instó a aceptar la muerte como un paso natural, una transición hacia otra forma de existencia. "No temáis a la muerte", dijo, "temed a la vida no vivida".

Así, en el amanecer de un día cualquiera, Sócrates bebió la cicuta, el veneno que sellaría su destino, y mientras el líquido amargo corría por su garganta, sus últimas palabras resonaron en el aire: "¡Crito, demosle de un gallo a Asclepio!". La supuesta prisión de Sócrates puede ser vista por los turistas interesados: ¡Vaya usted a saber!

Sócrates dejó el mundo físico, pero su legado se convirtió en un torrente que arrastraría a generaciones enteras. Su vida, marcada por la búsqueda de la verdad y la justicia, se convirtió en una luz para filósofos, pensadores y buscadores de sabiduría. A través de Platón, su más célebre discípulo, sus enseñanzas fueron preservadas, como un eco que resuena en los corredores del tiempo.

El filósofo de las sombras es recordado no solo como un pensador, sino como un icono de la libertad de pensamiento, un símbolo del cuestionamiento y la búsqueda incansable de la verdad. Es el mundo donde las palabras a menudo se pierden en el ruido, dónde su voz sigue viva, invitándonos a cuestionar, a reflexionar, a conocer.

Así, en cada rincón del mundo donde se encienden las luces del conocimiento, donde las ideas florecen como flores silvestres, allí está Sócrates, susurrando en el viento, recordándonos que la vida es un diálogo interminable, una danza de preguntas que nos lleva a la esencia misma de nuestra humanidad. Y en ese diálogo, en esa búsqueda, él vive, eterno, en las sombras de la historia, iluminando nuestro camino hacia la verdad.

Se le achaca al propio Platón las siguientes palabras:

"Doy gracias a los dioses por haber nacido griego y no bárbaro, doy gracias a los dioses por haber nacido hombre y no mujer, doy gracias a los dioses por haber nacido libre y no esclavo, pero por encima de todo le agradezco haber nacido en el siglo de Sócrates."

DIÓGENES EL CÍNICO. EL FILÓSOFO QUE DESNU-DÓ LA CIVILIZACIÓN

En la historia del pensamiento occidental, pocos personajes han sido tan radicales, provocadores y admirables como **Diógenes de Sinope** (c. 412 a.C. – 323 a.C.), el legendario filósofo cínico de la Antigua Grecia. Despreciado por sus contemporáneos tanto como admirado, Diógenes no dejó escritos propios (como los grandes filósofos que no sabía leer ni escribir; verbigracia, Sócrates, y Cristo), pero su legado sobrevive a través de las crónicas de Diógenes Laercio y otros autores clásicos.

En aquél tiempo- igual que éste, igual que todos- obsesionado con la riqueza, el poder y las convenciones sociales, Diógenes vivió como un desafío radical a todo lo establecido. Pero un desafío de los de verdad, no de los de salón.

A través de su vida austera, sus mordaces comentarios y sus inolvidables anécdotas, nos dejó una lección filosófica que, más de dos milenios después, sigue interpelando al ser humano moderno: que la virtud y la felicidad no se encuentran en lo externo, sino en la autosuficiencia y la libertad interior.

Diógenes nació en Sinope, en la costa del Mar Negro, en torno al año 412 a.C. Su vida transcurrió en las décadas posteriores a la Guerra del

Peloponeso, un periodo de inestabilidad económica y declive político para el mundo helénico. Fue en estas circunstancias turbulentas cuando surgieron movimientos filosóficos que buscaban nuevas formas de vida, en particular el cinismo, que florecería con Diógenes como su mayor exponente.

El cinismo fue fundado por **Antístenes**, discípulo de Sócrates, quien sostenía que la virtud es el único bien necesario para la felicidad, y que puede lograrse mediante la vida simple y el desprecio por las convenciones sociales. Diógenes llevó estas ideas a su expresión más extrema, convirtiéndose no solo en el más radical de los cínicos, sino en la personificación del ideal de autosuficiencia (autarkeia). Rechazaba todas las instituciones humanas que no contribuyeran directamente a la vida virtuosa: la propiedad privada, el matrimonio, la religión civilizada, e incluso las ideas tradicionales de ciudadanía y civilización.

DIÓGENES, EL PROVOCADOR

Diógenes no discutía en escuelas filosóficas; él vivía su filosofía. Convertido literalmente en un mendigo voluntario, vagaba por las calles de Atenas con un manto raído y un bastón, portando una única vasija de barro, que más tarde incluso desechó al ver a un niño beber agua con sus manos: *"Un niño me ha superado en simplicidad"*, dijo.

Su residencia era un barril (en realidad una gran tinaja de cerámica) en pleno *ágora* de **Atenas**. No se trataba de una excentricidad gratuita, sino de una declaración existencial contra el lujo, el deseo y la dependencia. Para Diógenes, vivir de acuerdo con la naturaleza no significaba retirarse al campo, sino eliminar todo lo superfluo, prescindir de lo artificial, y enfrentar los deseos con espíritu crítico para dominarlos, y no dejarse dominar por ellos.

Una de las anécdotas más celebradas de Diógenes resalta la altura moral que encarnaba, incluso frente a los hombres más poderosos de su tiempo.

Se cuenta que **Alejandro Magno**, conquistador del mundo conocido, quiso conocer al sabio que desafiaba todas las convenciones. Lo encontró reclinado cómodamente al sol, en las afueras de Corinto. Alejado de toda pompa, Diógenes no pareció impresionado. Alejandro se acercó con respeto y le dijo:

—Soy Alejandro, el Gran Rey.

—Y yo soy Diógenes, el Perro —contestó el filósofo, sin inmutarse.

Alejandro, admirado por su valentía y desdén por el poder, le ofreció cualquier cosa que deseara.

—*Apártate, que me tapas el sol* —fue la única petición del filósofo.

Alejandro, lejos de ofenderse, exclamó ante sus acompañantes: "*Si yo no fuera Alejandro, querría ser Diógenes*". Esta anécdota, más que ninguna otra, ilustra la colisión entre dos mundos: el conquistador de imperios y el conquistador de sí mismo.

El apodo "el Perro" no era un insulto, sino una reivindicación. De hecho, los cínicos adoptaron este nombre —del griego *kynikos*, que deriva de *kyon*, perro— con orgullo. Para Diógenes, el perro representaba la autenticidad, la simplicidad natural, y la indiferencia ante las convenciones humanas. Los perros no tienen propiedad, no sienten vergüenza, no siguen modas ni reglas artificiales. Son, en su visión, criaturas virtuosas porque viven de acuerdo con su naturaleza.

Así, Diógenes practicaba abiertamente la autodisciplina y el ascetismo.

A menudo, llevaba al extremo su desprecio por lo socialmente aceptado, como cuando se masturbaba en público y respondía: "*Ojalá fuera igual de fácil calmar el hambre frotándose el vientre*".

Su vida escandalosa no era gratuita: era una herramienta pedagógica.

Como un Sócrates radicalizado, quería despertar a los ciudadanos de Atenas de su hipocresía. Criticaba el teatro, la política, la religión superficial y el comercio de palabras que practicaban los sofistas. Usaba el ridículo como forma de enseñanza socrática, y el escándalo como recurso filosófico.

Una famosa escena retrata a Diógenes recorriendo las calles de Atenas a plena luz del día con una linterna encendida. Cuando los curiosos le preguntaban qué buscaba, respondía: *"Busco un hombre..."*. No un ser humano cualquiera, sino un *anthropos* en el sentido pleno del término griego: un ser verdaderamente racional, libre, y virtuoso. Con esta acción simbólica, Diógenes denunciaba que ninguno de los ciudadanos de Atenas estaba a la altura del ideal humano que proclamaban.

En otra situación, uno de los más eminentes oradores de Ágora y muy dado a hablar ex cátedra, dijo que "el Hombre solo era una criatura bípeda y sin plumas". Y Diógenes dejó asomar un "pollo sin plumas", diciendo: 'He ahí un Hombre"

La frase es mucho más que una querencia de impresionar: es una acusación contra la comunidad que olvida la virtud en favor de la simulación, la riqueza o el ego. Para Diógenes, casi ningún hombre era un verdadero ser humano porque todos estaban corrompidos por el artificio de la civilización y alienados de su naturaleza original.

Para Diógenes, la libertad era la condición esencial del ser virtuoso. Pero no se refería a la libertad política o jurídica, sino a una libertad interior, ganada a través del dominio de uno mismo y de la indiferencia ante el deseo, la fama o las penas. Los hombres que dependen de placeres, costumbres o instituciones son esclavos, creía.

Solo el sabio, que nada espera, y nada teme, es libre de verdad.

En una de sus enseñanzas, se cuenta que fue capturado por piratas y vendido como esclavo en Corinto. Ante la pregunta del mercader que lo ofrecía en el mercado, y que le preguntó qué sabía hacer, Diógenes respondió fríamente: "*Sé mandar. Véndeme a alguien que necesite un amo*". Finalmente, fue comprado por un rico mercader, Jeníades, quien lo liberó y le encargó la educación de sus hijos.

Incluso en la esclavitud, Diógenes conservaba intacta su soberanía interior. Su pensamiento no admitía concesiones: uno es libre en la medida que no depende de nada fuera de sí mismo. La virtud, y no la fortuna, era su única brújula.

Aunque la escuela cínica declinaría con el tiempo, su influencia sería profunda. Su figura fue una inspiración directa para los estoicos, como **Epicteto** y **Séneca**, quienes desarrollaron muchas de sus ideas bajo una forma más sistemática y socialmente aceptable. Pero el espíritu inconformista del cinismo reaparece, una y otra vez, en cada época que busca cuestionar el statu quo. El pensamiento libertario, el ascetismo religioso, la ética rebelde de los místicos y hasta el espíritu del anarquismo, tienen en Diógenes un ancestro primordial.

Diógenes no construyó un sistema ni fundó una escuela reconocida.

Fue, ante todo, un modelo de vida. Un hombre que, con su austeridad radical, su humor cortante y su compromiso con la verdad frente a todas las formas de impostura, simbolizó una filosofía vivida con coraje.

En una época dominada por la imagen, el consumo y la dependencia de lo externo, la vida del "*perro*" nos interpela con fuerza renovada. ¿Qué necesitamos realmente para ser felices? ¿Qué es la libertad? ¿A qué o a quiénes estamos sirviendo, aunque creamos ser libres? ¿Es posible vivir de forma coherente con nuestros valores sin hacer concesiones a la comodidad o la apariencia?

Diógenes no dio respuestas fáciles. Pero nos dejó un ejemplo imperecedero: vivir con dignidad no es amoldarse a la sociedad, sino conquistar cada día la autonomía del alma. *"El mayor bien —decía— es la libertad de palabra, y la mayor riqueza es no necesitar nada"*.

En tiempos donde el ruido y la vanidad amenazan con sofocar la vida interior, la figura del viejo filósofo en su barril, que desafía al emperador y al deseo, se alza como un testigo silencioso, señalando el camino de la autenticidad. Más allá de su siglo, más allá de su nombre, Diógenes de Sinope nos enseña que hay quienes, al renunciarlo todo, lo ganaron todo.

Diógenes el Cínico no fue un sabio común. Fue fuerza de la naturaleza, espejo cruel de la hipocresía humana, una redefinición de lo que significa vivir bien.

Histrión, provocador, asceta, filósofo, su vida fue su mensaje: un llamado a la coherencia absoluta con los principios que proclama la razón. En su radicalidad, hallamos una pureza filosófica pocas veces igualada.

Su magistral combinación de lucidez y valentía convierte su figura no en una antigüedad extravagante, sino en un faro ético que ilumina, incluso hoy, la oscuridad del exceso.

HIPÓCRATES. EL PADRE QUE NOS ENSEÑÓ A SER MÉDICOS

Como médico y cardiólogo, he aprendido a convivir con la incertidumbre, con la ambigüedad de los síntomas, con el lenguaje esquivo del cuerpo humano. Pero hay una certeza que me acompaña cada día que cruzo el umbral del hospital: sin Hipócrates, probablemente no estaría aquí.

Y no lo digo como figura retórica ni como reverencia gratuita al pasado.

Lo digo desde la convicción más íntima, la que brota no del conocimiento, sino del agradecimiento. Hipócrates, el médico de la isla de Cos, nacido alrededor del 460 a.C., no fue solo un sabio entre los griegos. Fue el punto de inflexión, el antes y el después, el hombre que encendió una llama que aún nos alumbra.

En aquel mundo, donde las enfermedades eran castigos divinos y la salud una gracia de los dioses, Hipócrates decidió mirar al cuerpo humano como un fenómeno natural, no como un campo de batalla entre fuerzas celestiales. Su osadía no fue sólo médica, fue filosófica, ética y metodológica. Rompió con el mito para dar paso a la observación; abandonó el altar y se acercó al lecho del enfermo.

Quizá por eso, hablar de Hipócrates no es evocar un pasado arqueológico, sino honrar a un contemporáneo que vive en cada diagnóstico prudente, en cada exploración cuidadosa, en cada decisión tomada con responsabilidad moral.

EL HOMBRE Y SU TIEMPO

Nacido en Cos, una isla del mar Egeo, Hipócrates creció en el seno de una familia de médicos pertenecientes al linaje de Asclepio, el dios griego de la medicina. Pero no se conformó con los saberes heredados: viajó, estudió, observó. Parece que recorrió Tracia, Egipto, Tesalia; aprendió de los sacerdotes egipcios, de los herbolarios tracios, de los empiristas jónicos.

Su obra, si bien difícil de separar de la de sus discípulos, forma el famoso "Corpus Hippocraticum", un conjunto de textos médicos que, con sus contradicciones, constituye una de las primeras aproximaciones científicas al arte de curar.

¿Qué hizo tan especial a Hipócrates? En primer lugar, la ruptura. Frente a la medicina religiosa, propuso una medicina racional. Las enfermedades, decía, no eran castigos de los dioses, sino desequilibrios naturales. El cuerpo humano era un microcosmos en constante búsqueda de equilibrio. Aquí entra su famosa teoría de los cuatro humores: sangre, flema, bilis amarilla y bilis negra. Aunque hoy sepamos que dicha teoría es científicamente incorrecta, su valor fundacional reside en que fue el primer intento sistemático de entender la fisiología y la patología humanas como procesos naturales. Es decir, observables, estudiables, tratables.

EL MÉTODO HIPOCRÁTICO

Podemos hablar de Hipócrates como el fundador del método clínico. Su aproximación al enfermo fue metódica, respetuosa y empírica. Enseñó a observar sin prejuicios, a escuchar los signos del cuerpo, a registrar cuidadosamente la evolución de los síntomas. Introdujo una novedad que aún hoy nos parece esencial, pero que en su tiempo fue revolucionaria: observar al paciente como un todo. No trataba órganos, trataba personas. No diagnosticaba enfermedades, sino procesos. Y lo hacía a través de la observación directa, de la recopilación de datos, del análisis comparativo. Es decir, sentó las bases del razonamiento clínico.

No exagero si digo que cada historia clínica que escribo es un eco de su pensamiento. Esa atención a los antecedentes, a los hábitos del paciente, a la evolución temporal del malestar, es profundamente hipocrática. El propio concepto de "prognosis", esa capacidad de anticipar el curso probable de una enfermedad, fue en gran parte una invención suya. La prognosis no era un oráculo, sino una forma de conocimiento basada en la experiencia acumulada y el discernimiento individual. Saber mirar, saber esperar, saber interpretar: esas eran las virtudes del médico que Hipócrates promovía.

Pero si algo me emociona —sí, me emociona— de Hipócrates, no es solo su saber médico, sino su concepción ética de la medicina. En tiempos donde el conocimiento era poder, y el poder podía ser usado para manipular, Hipócrates puso al paciente en el centro. El famoso **Juramento Hipocrático**, que tantas generaciones de médicos hemos repetido, no es un simple ritual. Es un contrato moral. Prometemos no hacer daño, guardar secreto, actuar con sobriedad, no abusar de nuestro saber, respetar la vida. En definitiva: nos comprometemos a ser dignos de la confianza que el paciente deposita en nosotros.

¿Puede haber algo más necesario hoy, en un mundo donde la medicina a veces se tecnifica hasta deshumanizarse? La ética hipocrática no es un texto del pasado; es un imperativo presente. Nos recuerda que somos servidores del enfermo, no ingenieros de su cuerpo. Que nuestra intervención no se legitima por la eficacia, sino por la intención y la prudencia. Que no hay ciencia sin conciencia.

En esta época, donde el marketing farmacéutico, los algoritmos y la medicina defensiva amenazan con convertirnos en técnicos protocolizados, Hipócrates nos recuerda que curar es también acompañar, entender, consolar. Que el cuerpo no es un mecanismo, sino un escenario donde se libra una batalla que, a menudo, excede lo orgánico y roza lo espiritual.

Como cardiólogo, me conmueve pensar que Hipócrates, sin conocer la circulación sanguínea (que llegaría mucho después con William Harvey en el siglo XVII), ya atribuía al corazón una importancia central. Sabía que el pulso era un signo revelador del estado interno. Sus escritos incluyen descripciones minuciosas de palpitaciones, de soplos percibidos con el oído desnudo, de síncopes. No tenía electrocardiograma, ni Doppler, ni ecocardiografía. Tenía ojos, oídos, manos y una mente lúcida. Y con eso, diagnosticaba. Admirable.

En sus tratados se aprecia una obsesión por los signos vitales, por la respiración, por la temperatura de la piel, por el color de los labios. Leía el cuerpo como un texto sagrado, uno que solo el médico paciente y humilde podía llegar a descifrar. ¿No es eso lo que aún hacemos, aunque rodeados de tecnología? ¿No seguimos palpando el pulso, auscultando el corazón, buscando pistas en un organismo que aún no nos lo dice todo?

LA ESCUELA DE COS

Hipócrates fundó una escuela. No en el sentido institucional moderno, sino en el sentido más hondo: creó una manera de mirar, una forma de pensar. La **Escuela de Cos** fue un taller de conocimiento empírico, donde los discípulos aprendían no solo a tratar enfermedades, sino a ser médicos.

A vivir como tales. A cultivar la templanza, la discreción, la dedicación. En un mundo de guerras y supersticiones, esa pequeña escuela fue un santuario de razón y humanidad.

Muchos de sus tratados fueron escritos por sus discípulos, y quizás por eso el "Corpus Hippocraticum" tiene tonos distintos, estilos diversos, ideas que no siempre coinciden. Pero hay una voz común que los atraviesa: la del respeto al paciente, la de la humildad ante la naturaleza, la de la búsqueda del saber con espíritu de servicio. Esa voz, la escuchamos aún hoy, cada vez que un médico se inclina junto al lecho de un enfermo.

Más de dos mil cuatrocientos años después, seguimos recordando su nombre. Las universidades lo citan, los manuales lo veneran, los hospitales lo inscriben en sus frontispicios. No porque fuera infalible —de hecho, se equivocó muchas veces—, sino porque fue honesto. Porque tuvo el coraje de mirar el dolor humano sin escudos mitológicos. Porque dignificó nuestro oficio y lo dotó de alma.

Si algo define a los grandes fundadores es que no pasan de moda. Hipócrates no pertenece a la historia antigua, pertenece a la historia viva. Está en cada consulta donde un médico escucha más allá de las palabras. Está en cada decisión clínica en la que se impone la prudencia sobre la arrogancia. Está en cada momento en que el saber se subordina al bien del paciente.

EL JURAMENTO

No es un juramento en sentido jurídico, sino una brújula ética. Una brújula que apunta siempre al mismo norte: la dignidad del ser humano. El **Juramento Hipocrático**, en su forma tradicional, dice así:

"Juro por Apolo médico, por Asclepio, por Higea y Panacea, y pongo por testigos a todos los dioses y diosas, que cumpliré según mi capacidad y juicio este pacto: consideraré a quien me enseñó este arte tan querido como a mis propios padres, y viviré en común con él y si lo necesita compartiré mis bienes; consideraré a sus hijos como hermanos y les enseñaré este arte, si ellos lo desean, sin pedirles nada a cambio; compartiré los conocimientos científicos con mis hijos, los hijos de mi maestro y los alumnos que hayan hecho el juramento y se hayan comprometido según la ley médica, pero a nadie más. Aplicaré los tratamientos para el bien de los enfermos según mi capacidad y juicio, y nunca para causar daño o mal. No daré a nadie veneno, aunque me lo pidan, ni sugeriré tal cosa. Del mismo modo, no daré a ninguna mujer un pesario abortivo. Conservaré mi vida y mi arte en pureza y santidad. No practicaré la cirugía, cediendo ese trabajo a los especialistas. En cualquier casa que entre, lo haré para el bien del enfermo,

absteniéndome de cometer injusticia o corrupción, de cualquier tipo, incluso en las relaciones amorosas con mujeres u hombres, libres o esclavos. Lo que vea o escuche en la práctica o fuera de ella, lo guardaré en secreto. Si cumplo este juramento fielmente, pueda disfrutar de mi vida y de mi arte, honrado por todos los hombres por siempre; si lo quebranto y soy perjuro, pueda sucederme lo contrario."

A ti,- Hipócrates, Maestro - no te conocí ni te conoceré. Pero cada vez que me pongo la bata blanca, que ausculto un corazón, que escribo una receta, que consuelo a un paciente, que explico un diagnóstico difícil, estás allí. Y no tengo palabras para agradecer que hayas nacido. Porque gracias a ti, ser médico no es solo una profesión. Es una forma de vivir. Una forma de pensar. Una forma de servir.

Gracias, maestro.

–

GALENO. EL MÉDICO ALTIVO Y SU DESPRECIO A LOS COMPAÑEROS EN ANÉCDOTAS QUE DESAFÍAN LA HISTORIA

La historia de la medicina está repleta de personajes memorables, no solo por sus descubrimientos o teorías, sino también por sus personalidades, a veces complejas, otras arrogantes. Entre estos personajes, uno de los más destacados y, a la vez, controvertidos, es Galeno de Pérgamo. Médico, filósofo y escritor del siglo II d.C., Galeno dejó una huella indeleble en el pensamiento médico occidental. Sin embargo, no todo en su legado es admiración; también se registran anécdotas que revelan su altivez, su desprecio por los colegas y su actitud condescendiente.

En este artículo, exploraremos esas historias que, entre la seriedad de su trabajo y el brillo de su intelecto, muestran un lado más humano, y a veces, bastante arrogante del doctor galénico.

LA CONFIANZA EN SU PROPIO SABER: UNA ARROGANCIA QUE ROZABA LO ABSURDO

Desde sus primeros años, Galeno se destacó por su confianza inquebrantable en sus conocimientos. Se cuenta que, en una ocasión, un joven médico le presentó una teoría innovadora sobre la circulación sanguínea, mucho antes de que William Harvey la describiera en el siglo XVI. Galeno, con una sonrisa sardónica, le espetó: "¿Crees que tus ideas superan las de un hombre que ha estudiado y experimentado durante toda su vida? La experiencia y la sabiduría no se heredan, se ganan con años de estudio".

Este episodio revela no solo su confianza en sí mismo, sino también su tendencia a despreciar las ideas de los demás, especialmente si no provenían de su propio conocimiento o si desafiaban su autoridad. La historia es un recordatorio de cómo la humildad, incluso en la ciencia, puede ser un valor ausente en algunos individuos.

La anécdota del colega que criticó sus teorías: un ejemplo de desprecio y soberbia

Una de las historias más conocidas, y quizás más ilustrativas, de la altivez de Galeno, involucra a un colega que cuestionó públicamente sus teorías sobre la anatomía. Según los relatos, en una conferencia en Alejandría, un médico rival propuso una explicación diferente sobre la función del corazón. Galeno, presente en la audiencia, no tardó en responder con sarcasmo: "¿De qué sirve tu ignorancia, amigo? No es más que una sombra de la verdad que yo he descubierto. Mejor sería que te callaras y aprendieras de mí". Y otra, que no soporto obviarla: "Si Galeno decía que el paciente había muerto por una congestión hepática y, la necropsia no concordaba con su diagnóstico, no era él el equivocado...¡era la naturaleza!

No solo rechazó la crítica, sino que humilló públicamente al colega, haciéndole sentir insignificante. Esta anécdota refleja no solo su desdén por las ideas contrarias, sino también su tendencia a usar su autoridad para marginar a quienes se atrevían a desafiarlo.

LA FAMOSA HISTORIA DEL ESCLAVO QUE CORRIGIÓ A GALENO

Una de las historias más famosas que ilustran la arrogancia de Galeno es la del esclavo que, durante un viaje, corrigió una de sus observaciones sobre la anatomía del aparato digestivo. Según la leyenda, el esclavo, al escuchar las explicaciones del médico, se atrevió a señalar un error en la descripción de Galeno.

Lejos de aceptar la crítica, Galeno, en un arranque de ira, le espetó: "¿Quién eres tú para corregirme, esclavo? Tu ignorancia solo es comparable a mi sabiduría, y no permitiré que un simple siervo cuestione a su amo". La historia termina con Galeno obligando al esclavo a retractarse, pero también dejando en evidencia su actitud altanera y su desprecio por las personas que consideraba inferiores socialmente.

Este relato, que seguramente fue contado y exagerado a lo largo de los siglos, muestra cómo la personalidad de Galeno podía rozar la arrogancia absoluta, incluso en momentos de humildad o error.

LA DISPUTA CON LOS CIRUJANOS: UN ENFRENTAMIENTO DE EGOS

Otra anécdota que refleja la actitud altiva de Galeno tiene que ver con su relación con los cirujanos de su tiempo. La cirugía, en la antigüedad, era vista como una práctica menos noble que la medicina teórica. Sin embargo, Galeno, quien también practicaba la cirugía, no perdió oportunidad para demostrar su superioridad.

Se cuenta que en una reunión de médicos, un cirujano joven y prometedor propuso una técnica innovadora para tratar heridas. Galeno, al enterarse, no dudó en ridiculizarlo en público: "¿Qué puede un simple cirujano enseñarme a mí, que he estudiado y experimentado más que todos ustedes juntos? La cirugía es solo una parte mecánica, no la verdadera medicina".

El tono de desprecio y el menosprecio por la profesión quirúrgica reflejan su actitud arrogante y su tendencia a menospreciar a aquellos que, en su opinión, no tenían un conocimiento profundo de la teoría médica. Esta anécdota revela cómo Galeno valoraba más la filosofía y las teorías que la práctica, y cómo su ego podía eclipsar la humildad que, en la ciencia, debería ser una virtud.

LA HISTORIA DEL LIBRO PROHIBIDO POR SU ARROGANCIA

Se dice que en su afán de consolidar su autoridad, Galeno escribió un libro en el que criticaba duramente a otros médicos y sus teorías, incluyendo a Hipócrates, a quien veneraba, pero también a sus contemporáneos. La historia cuenta que, tras la publicación, varios colegas intentaron debatir con él, solo para ser rechazados con una frase que se convirtió en leyenda: "¿Por qué perder tiempo discutiendo con quienes no están a mi nivel? Aprendan de mí, o quédense en silencio".

Este episodio refleja claramente la actitud soberbia de Galeno, quien no toleraba críticas ni opiniones contrarias. Su desprecio por los colegas y su actitud de superioridad contribuyeron a crear un ambiente de tensión y rivalidad en los círculos médicos de la época.

LA PARADOJA DE SU GENIALIDAD Y SU ARROGANCIA

Es importante señalar que, a pesar de estas anécdotas que muestran su altivez, Galeno fue un genio indiscutible. Su capacidad para integrar la filosofía, la anatomía y la medicina en un sistema coherente fue revolucionaria. Sin embargo, su carácter arrogante y su desprecio por quienes cuestionaban su autoridad también le ganaron enemigos y, en algunos casos, le impidieron reconocer errores o admitir nuevas ideas.

La historia de Galeno, por tanto, es una combinación de genialidad y soberbia, de logros y de arrogancia. Sus anécdotas nos enseñan que incluso los grandes científicos y pensadores pueden tener defectos humanos, y que la humildad y el respeto por las ideas ajenas son valores que deben acompañar al conocimiento.

¿LECCIONES DE HUMILDAD EN LA HISTORIA DE GALENO?

Las historias que ilustran la altivez y el desprecio de Galeno no deben ser vistas solo como anécdotas divertidas o como ejemplos de arrogancia desmedida. En realidad, nos ofrecen una reflexión profunda sobre cómo el carácter y la actitud de un científico o médico pueden influir en su legado.

Galeno, a pesar de su soberbia, dejó un patrimonio invaluable que sirvió de base para la medicina durante siglos. Pero también nos recuerda que el conocimiento sin humildad puede convertirse en una barrera para el avance. La ciencia avanza no solo con descubrimientos, sino también con la capacidad de escuchar, aprender y aceptar que siempre hay algo nuevo por descubrir.

En definitiva, las anécdotas de Galeno nos enseñan que la grandeza no está exenta de defectos, y que la verdadera sabiduría reside en reconocer nuestras limitaciones y en respetar a quienes piensan diferente. Solo así, el legado de los grandes puede perdurar, no solo en sus logros, sino también en su humanidad.

LEONOR DE AQUITANIA. REINA, REBELDE Y LE-YENDA

De ser cierto todo lo que he oído y leído sobre ella —y todo parece indicarlo—, mi admiración por Leonor de Aquitania supera incluso a Oriana Fallaci y Joan Manuel Serrat. Y no lo digo por frivolidad. La historia rara vez produce un personaje que conjugue sabiduría política, impulso artístico y una férrea voluntad femenina en plena Edad Media. Leonor fue eso y más. Fue una reina dos veces, madre de reyes, líder militar, diplomática, mecenas cultural y —como veremos— mito viviente.

De ser todo cierto todo lo que he oído y leído sobre ella (no tuve al placer de conocerla...¡ojalá!), puesto que, si cada maestrillo tiene su librillo, cada historiador tiene sus historias.

UNA INFANCIA FUERA DE NORMA

Leonor parece que nació hacia 1122 como hija del duque Guillermo X de Aquitania, heredando tras su muerte uno de los feudos más extensos y culturalmente ricos de Europa. Educada en latín, música, poesía, retórica y estrategia política, se empapó del espíritu trovadoresco de su abuelo Guillermo IX, considerado el primer trovador de Occidente. Esta corte —Poitiers— se convirtió en su laboratorio político y artístico.

Ya desde niña mostró temple. Una anécdota dice que, con apenas 13 años, al enterarse de que su padre había muerto en una peregrinación a Santiago de Compostela, convocó personalmente a los barones de Aquitania para reclamar su posición como duquesa, sin necesidad de tutela masculina. Era la primera de muchas transgresiones que marcarían su vida.

Con dos ovarios.

REINA DE FRANCIA Y AMAZONA EN TIERRA SANTA

En 1137, con solo 15 años, Leonor fue casada con Luis VII de Francia. El contraste no podía ser mayor: ella era refinada, sensual, política y culta; él, un monje frustrado convertido en rey. La corte francesa la recibió con recelo, tachándola de frívola. Ella, fiel a sí misma, introdujo la moda de los escotes, los trovadores y los baños perfumados en una corte que aún olía a cilicio.

La Segunda Cruzada (1147-1149) fue su oportunidad para imponer un estilo propio. No se contentó con rezar en casa: se vistió con armadura y encabezó a 300 damas montadas a caballo, ataviadas como amazonas, o sea, en cueros vivos —una escena que horrorizó a los cronistas francos y encantó a los de Oriente. Su tío Raimundo de Antioquía, príncipe cruzado, la acogió con entusiasmo. El ambiente cortesano y sensual de Antioquía contrastaba con el fervor penitente de Luis. Se rumoró incluso que Leonor y Raimundo mantenían una relación incestuosa —nunca probada, pero suficiente para que Luis se marchara sin ella. La tensión entre ambos alcanzó tal punto que Leonor exigió el divorcio en plena campaña militar.

De vuelta a Francia, el matrimonio fue anulado en 1152. Dicen que cuando el Papa les concedió una última noche juntos, ella respondió: *"No somos más parientes que Adán y Eva, pero tenemos aún menos en común."*

REINA DE INGLATERRA Y ARTÍFICE DE IMPERIOS

Tan solo ocho semanas después de su anulación, Leonor se casó con Enrique Plantagenet, once años menor, futuro Enrique II de Inglaterra. Aquello no fue amor adolescente, sino estrategia: consolidaba sus dominios y garantizaba autonomía. Durante el viaje de regreso a Poitiers, varios señores intentaron secuestrarla para casarse con ella y apoderarse de Aquitania. Para adelantarse, envió un emisario a Enrique proponiéndole el matrimonio antes de ser raptada. La iniciativa fue suya, como casi todo lo relevante en su vida.

Con Enrique tuvo ocho hijos, entre ellos Ricardo Corazón de León y Juan Sin Tierra. No fue una reina decorativa: viajó por Inglaterra, Normandía y Anjou, participó en consejos, organizó la corte y gobernó Aquitania con puño de hierro. En Poitiers, su corte se convirtió en el principal centro literario de Europa. Allí se celebraban certámenes poéticos, juicios ficticios de amor y se codificaban los primeros cánones del amor cortés. Algunos dicen que incluso presidía **tribunales del**

amor, donde juzgaba, junto a otras damas, los comportamientos sentimentales de los caballeros.

Pero el matrimonio se agrió. Enrique la traicionó con Rosamund Clifford (mucho más fea que Leonor, ¡dónde va a parar!—la célebre "rosa sin espinas"— y negó a sus hijos acceso al poder. Leonor, indignada, instigó la revuelta de sus propios hijos contra su padre en 1173. Fue capturada y encarcelada durante quince años en diversos castillos ingleses. Una reina presa por fomentar una rebelión contra su marido-rey. Nadie más en Europa habría tenido el valor de hacerlo... ni el carisma para salir indemne.

REGENTE, MADRE DE REYES Y DIPLOMÁTICA HASTA EL FINAL.

Cuando Enrique murió en 1189, su hijo Ricardo liberó a Leonor y la nombró regente de Inglaterra durante su participación en la Tercera Cruzada.

Por lo visto, los caballeros se aburrían tanto que se reunían entre jaranas, juergas y parrandas, bien regadas de hidromiel, para – supuestamente – quitarle a los moros los sagrados lugares; pero por diversión, que no por fe.

Tenía 67 años. Gobernó el reino, sofocó conspiraciones internas y logró negociar el rescate de su hijo cuando fue capturado en Austria. No solo eso: a los 78 años, cruzó los Pirineos a caballo para seleccionar personalmente a Blanca de Castilla —su nieta— como esposa del heredero francés, asegurando así la paz entre Plantagenets y Capetos.

Participó en la coronación de Ricardo, organizó la de Juan Sin Tierra, y supervisó la alianza que daría lugar a la futura madre de San Luis. No era solo madre de reyes. **Era arquitecta del poder.** En la crónica de Fontevraud se lee: *"Una reina que sobrepasó a casi todas las demás del mundo".*

MECENAS, POETA Y ESPÍRITU LIBRE

Leonor no solo acumuló poder, sino que lo ejerció a través de la cultura.

Su corte fue la cuna del amor cortés, de la lírica trovadoresca y del refinamiento medieval. Apoyó a artistas, protegió a poetas e inspiró a decenas de generaciones con su imagen de dama cultivada. Fue retratada en versos como símbolo de sabiduría, libertad y belleza.

Una tradición dice que el mismísimo Chrétien de Troyes, padre del ciclo artúrico, recibió el impulso de su movimiento literario gracias a la atmósfera intelectual creada por Leonor. Y aunque no escribió obras propias, se le atribuye haber dictado cartas y máximas de conducta para las damas de su corte. En palabras del medievalista Jean Markale: *"Nunca se insistirá bastante en la influencia que tuvo sobre la evolución de las costumbres".*

Los rumores, claro, nunca se extinguieron. Su cercanía con trovadores, su vitalidad y sus múltiples poderes escandalizaban a una Iglesia que veía en ella una mujer demasiado libre. Una leyenda recoge que una carta enviada a Ricardo desde su encierro decía: "Fuiste engendrado por una reina y educado por una prisionera; si eres sabio, no repitas el error de tu padre". Sea apócrifa o real, esa frase resume su espíritu: digno, orgulloso, indomable.

MUERTE, MEMORIA Y UNA TUMBA CON LIBRO

Leonor murió en 1204 en la abadía de Fontevraud, rodeada de clérigos y nietos. Tenía 82 años. Fue enterrada junto a Enrique II y Ricardo. Pero incluso en su sepultura dejó su huella.

Mientras otras mujeres yacían con las manos cruzadas en actitud orante, Leonor fue esculpida reclinada... leyendo un libro. Su tumba es un manifiesto silencioso: lectura, saber, pensamiento. Ni muerta renunció a su papel de mujer libre y culta.

Hoy es símbolo del Renacimiento antes del Renacimiento, del feminismo sin nombre en plena Edad Media, del poder sin espada, de la política con música.

¿MÁS GRANDE QUE FALLACI O SERRAT PARA ESTE SEGURO SERVIDOR?

Uno admira a Oriana Fallaci por su valentía, su pluma incisiva, su dignidad indomable. A Joan Manuel Serrat por su sensibilidad, su lírica cotidiana, su mirada poética sobre lo humano. Pero Leonor de Aquitania fue las dos cosas en una mujer del siglo XII: periodista de sí misma, poeta de la política, amante de la belleza y maestra del poder.

Ella gobernó cuando las mujeres no tenían voz. Escribió —con gestos, no con tinta— una historia que aún resuena. Y si en este siglo admiramos la inteligencia comprometida de Fallaci o el alma sensible de Serrat, no es menos cierto que Leonor las anticipó con armadura y corona, libro y estrategia, maternidad y rebeldía.

Por eso la admiración que me provoca Leonor no es una moda, ni una simpatía estética. Es una reverencia histórica. Una lealtad. Una deuda.

GOETHE Y LA CLARIDAD INAGOTABLE DEL VIVIR. ¡MÁS LUZ!

Hay algo en el nombre de **Goethe** que resuena en las fibras más profundas de la cultura occidental, como si en su sonoridad se ocultara el timbre de una campana antigua, reverberando a través de los siglos, persistente y universal. Su vida, lejos de ser una mera acumulación de fechas y acontecimientos, se asemeja más a un río caudaloso, a ratos sereno y a ratos desbordado, que cruza continentes interiores e inexorables paisajes del alma. Partir de su infancia, escudriñar los hitos de su biografía, sería como intentar comprender un bosque contando uno a uno sus árboles; Goethe no se mide en sucesos, sino en fulgores.

Hay quienes nacen para escribir y hay quienes escriben para nacer, y Goethe pertenece a ambas estirpes; ninguna le es ajena, ambas le confluyen. Desde las primeras palabras que brotan de su pluma, el mundo muestra síntomas de asombro: el universo hasta entonces parcelado por la razón cartesiana de la *Ilustración*, se ve, bajo su mirada, como un cosmos mucho más vasto, profundo y abismal. Goethe no huye de la claridad, pero tampoco teme a la penumbra. He ahí una de las claves de su genio: aceptar que la vida es luz y sombra, dolor y júbilo, razón y locura, encadenadas en una danza infinita.

"No es la luz lo que falta, sino el ojo", dice uno de sus personajes, y acaso esa frase resume toda su poética vital. Vivió con los ojos abiertos al asombro y al misterio, al detalle ínfimo y a la gran operación cósmica. De ahí la universalidad de su obra: Goethe supo que cada hoja es un mundo, que cada mundo es un verso, y que cada verso puede contener la eternidad.

Sus días transcurrieron entre laboratorios y jardines, entre libros y amores, entre conversaciones filosóficas y paseos crepusculares. En esa tensión vibrante entre el afuera científico y el adentro poético, supo encontrar un filo que lo distingue: Goethe el naturalista y el brujo, el químico y el visionario, el ciudadano de las ideas y el amante de las formas.

Entre sus creaciones, brilla con especial intensidad **"Fausto"**, una catedral literaria erigida en la frontera de toda moral, enfrentando el alma con sus propios precipicios. Fausto no es sólo un personaje: es la luz y la sombra de una época, la duda esencial del hombre ante la infinitud, la sed del absoluto y el cansancio de la carne. Las palabras fluyen como ríos subterráneos entre escenas que son parábolas, entre diálogos que son oraciones, entre imágenes que son espejos. Goethe no narra una historia, revela un mito, y con ello, convierte su propio destino en destino universal.

Y sin embargo, la obra de Goethe sería incompleta si se le redujera a Fausto. Hay en sus versos y dramas, en sus novelas y ensayos, una pluralidad inagotable. *"Las cuitas del joven Werther"* incendió los corazones románticos de toda Europa, despertando pasiones y tragedias que traspasaron el ámbito de la ficción para instalarse en la vida real. Pero Goethe, consciente de lo peligroso del entusiasmo desbordado, se aleja pronto del romanticismo sentimental para buscar otros equilibrios: la serenidad clásica, la armonía de las formas, la moderación de la pasión. En ese tránsito, nos deja *"Las afinidades electivas"*, análisis magistral de la química humana; *"Poesía y verdad"*, la memoria del alma; los *"Epigramas"*, donde el juego se vuelve sentencia; y los *"Ensayos sobre botánica"*, donde la naturaleza se redescubre como si de un libro sagrado se tratara.

Pero, ¿cómo es posible que un solo hombre encarne tantas vertientes de la experiencia humana? ¿Dónde se origina ese don de la multiplicidad que lo torna, ante mis ojos, en poeta, científico, dramaturgo, viajero, estadista, pensador, unificador de disciplinas y espíritus? Quizá la respuesta resida en la avidez de su mirada, en su ***rechazo del dogma***, en su afán irrenunciable de comprender la vida no como una fórmula, sino como una sucesión inabarcable de enigmas. Goethe es, antes que nada, un interrogador. Y en ese gesto se muestra como contemporáneo nuestro, como compañero de quienes dudan, de quienes indagan, de quienes no se conforman. De quienes son honestamente cabales.

Es difícil consignar anécdotas de su vida sin traicionar la densidad de su mito. Dicen que en su vejez, ya ciego, Goethe pedía **"más luz"**.

Los estudiosos debaten el sentido de sus palabras, preguntándose si eran el ruego de un hombre que ve declinar el sol, o la súplica de un espíritu que presiente la inminencia de otra iluminación más vasta. Yo prefiero pensar que es la consigna de toda una existencia: *"Mehr Licht!"*. Hay quienes aseguran que, al encontrarse con **Napoleón**, ambos se reconocieron como pares, como titanes de la voluntad y la inteligencia. Sea verdad o leyenda, lo cierto es que Goethe supo dialogar con su tiempo, absorberlo y trascenderlo, reescribiendo desde dentro las condiciones de lo posible.

En **Weimar**, donde pasó gran parte de su vida, los días transcurrían bajo el signo de la curiosidad insaciable. Dicen que abría las ventanas de su estudio para escuchar el rumor del mundo, o que salía a pasear entre las flores, meditando en voz alta, improvisando versos que sus discípulos se apresuraban a transcribir. Se cuenta que, en las veladas literarias, su palabra dominaba el aire, ora suave, ora fulgurante, incontenible como una sinfonía. Hay amores sublimes en su biografía, amistades abrasadoras (la de **Schiller**, la de **Herder**) y desencuentros inevitables. Hay también decepciones: proyectos fallidos, incomprensiones, tempestades interiores. Pero nada de ello se traduce en amargura, sino en una conciencia más honda de la infinitud del vivir.

Goethe amó la naturaleza con una pasión que desborda las modas intelectuales. Su teoría del color desafió a **Newton** y provocó risas entre algunos físicos, pero anticipó intuiciones que la ciencia apenas comprendería siglos después. Su botánica no era un catálogo de especies, sino la búsqueda de la *"Urpflanze"*, la planta primordial que prefigura todas las formas futuras, metáfora de la unidad subyacente en el caos aparente del universo. Hay, en esa búsqueda, una nostalgia de lo absoluto y una alegría de lo diverso: la convicción de que nada se pierde en el torbellino del mundo, de que la vida se rehace perpetuamente en cada instante.

Y cuando pienso en Goethe, no lo hago como quien evoca a un maestro remoto, sino como quien dialoga con una voz cercana, con una presencia viva. Sus cartas, sus frases apuntadas al margen de un libro, sus conversaciones con **Eckermann**, destilan una sabiduría impersonal y ardiente. Hay en la serenidad de sus juicios y la violencia de sus intuiciones algo que me recuerda a los antiguos: esa fe en la educación del espíritu, en el trabajo de la inteligencia, en la fragilidad y la grandeza del hombre. Sus versos resuenan con la certidumbre del que ha visto a

Dios y se ha atrevido a escribirlo. Su prosa es suave y tajante, como la hoja de un cuchillo envuelta en terciopelo.

Si tuviera que elegir una palabra para definir su singularidad, diría: *"preclaridad"*. No sólo por la brillantez evidente de su genio, sino por la transparencia con que penetra en la maraña de lo complejo, arrancando orden en el caos, sensatez en el absurdo, belleza en la confusión.

Goethe es, a mi juicio, una de las mentes más preclaras porque nunca cede a la tentación de lo fácil: no ordena el caos con falsas respuestas, ni reduce lo múltiple al capricho de sistemas cerrados. Vive en la intemperie del pensamiento, asumiendo que la claridad es una conquista diaria, un acto de valor, *una fe sin dogma.*

Su obra es un continuo crecimiento, una permanente metamorfosis. **"Metamorfosis"** es, de hecho, una de sus grandes palabras-faro: la vida, para Goethe, es tránsito y transfiguración, nunca repetición estéril. La educación —nos enseña— no es una fábrica de certezas, sino una aventura hacia la desmesura, hacia lo desconocido.

Y en esa aventura todos somos Fausto: todos, alguna vez, queremos pactar con las fuerzas ocultas para que la existencia nos revele su secreto. Pero sabemos, también, que la verdadera sabiduría no reside en el triunfo, sino en la humildad de quien se sabe perdido y, aun así, continúa buscando.

Hay una anécdota bella y reveladora: Goethe, en una expedición botánica, se detiene ante una flor insignificante. Sus compañeros apenas reparan en ella. Él la toma entre los dedos, la observa largamente y, de pronto, alza la vista y dice: *"Aquí hay un poema"*. Nadie entiende de inmediato; sólo después, al leer sus versos, comprenden que en la mirada del poeta el mundo adquiere una densidad insospechada, que lo nimio se convierte en revelación.

Así, toda la obra de Goethe es un diálogo incesante con la vida: una interpelación apasionada, un intento de comprensión amorosa, un desafío nunca clausurado. Sus **noventa y tres años** de vida fueron apenas el laboratorio de una experiencia mayor: la de atreverse a vivir cada día como si fuera el primero y el último, sin resignarse a la mediocridad, sin entregarse a la insolencia, sin perder jamás la capacidad de admirar.

En tiempos de crisis, cuando el desencanto amenaza con tornar opaco todo horizonte, la voz de Goethe resuena como un recordatorio: el mundo es vasto, la experiencia infinita, la búsqueda irrenunciable.

¿Y si el verdadero legado de Goethe no fuera una obra concreta, sino una actitud vital? ¿Y si su gran enseñanza consistiera no en sus versos o teorías, sino en su manera de situarse ante el misterio del vivir? Al leerlo, uno siente la seducción de imitarlo: abrir los ojos al esplendor y a la miseria, cultivar la curiosidad, sumar alegría y rigor, buscar belleza en lo fugaz y cordura en el absurdo.

Por tanto —y más allá de su colosal influencia en la literatura, la ciencia, el arte, la política— sigo considerando a Goethe una de las mentes más preclaras de la historia humana. Porque su claridad no es un dogma, sino una invitación. Porque nos enseña que la luz no es patrimonio de nadie y que cada uno de nosotros puede, debe, buscar su fulgor propio. Porque en su obra late la promesa de que la vida ofrece siempre otra vuelta de tuerca, otra metamorfosis, otro milagro.

Goethe, en su laberinto de días, nos dejó pistas para transitar la incertidumbre. Su obra está viva no por sus respuestas, sino por sus preguntas. La más alta dignidad del hombre —parece decirnos— reside en la destreza de buscar, en *la nobleza de buscar sin descanso*, en la alegría de saber que el camino es más importante que la meta.

Por eso, cada vez que leo un verso suyo o medito en uno de sus aforismos, siento que algo se ilumina; no porque haya hallado la respuesta, sino porque la búsqueda misma me transforma y admira.

Quizás el mayor homenaje que puedo rendirle consista en abrir bien los ojos cada mañana, agradecer la multiplicidad de la vida, aprender a mirar más allá de lo evidente. Porque, como Goethe bien nos recuerda, a veces no es la luz lo que falta: es el ojo.

¡Luz! ¡Más luz!

BRUNELLESCHI Y SU CÚPULA. EL GENIO QUE DOMÓ EL CIELO DE FLORENCIA

Florencia, siglo XV. La ciudad palpita al ritmo del oro de los banqueros, de las manos manchadas de pigmento de los artistas y de las intrigas políticas de los **Médici**. Pero sobre todo, Florencia mira hacia arriba. La catedral de **Santa Maria del Fiore**, majestuosa y aún inacabada, espera desde hace más de un siglo su remate: una cúpula que no se parece a nada de lo que se haya intentado hasta el momento. Una herida abierta en el cielo, un desafío a la gravedad y a la vanidad humana. En ese contexto aparece un hombre excéntrico, testarudo y genial: **Filippo Brunelleschi**, orfebre de formación, arquitecto por vocación y tozudo por naturaleza. El hombre que cambiaría el rostro de la arquitectura renacentista y el skyline de Occidente.

EL DESAFÍO DE LO IMPOSIBLE

Cuando en 1418 se lanza el concurso para diseñar la cúpula del Duomo, el problema es mayúsculo. Se trata de cubrir un espacio octogonal de **más de 45 metros de diámetro**, sin cimbras, sin un modelo romano al que imitar fielmente y sin materiales modernos. Muchos lo consideran imposible. Las soluciones propuestas por arquitectos reputados —incluso **Ghiberti**, su eterno rival— son inconsistentes, conservadoras o directamente absurdas.

Brunelleschi, que hasta entonces había sido más conocido por perder un concurso de puertas de bronce (¡ay, las del baptisterio, que ganó Ghiberti!) y por pasarse una temporada en Roma midiendo ruinas, presenta un proyecto que no quiere revelar del todo. Habla enigmáticamente de una cúpula autoportante, construida sin andamios internos, de doble capa, con ladrillos colocados en espina de pez y un complejo sistema de anillos de compresión y grúas diseñadas por él mismo. Cuando los miembros del jurado le piden una demostración, él les responde con una metáfora: coloca un huevo sobre la mesa y reta a los demás a ponerlo de pie. Nadie lo consigue. Brunelleschi, entonces, rompe ligeramente la base del huevo y lo hace permanecer erguido. "Así de simple", dice, "una vez que uno sabe cómo".(Esta anécdota también se cuenta de Cristóbal Colón, con el "huevo de Colón"; por tanto, uno no sabe ya a quien creer y a quien no).

SUS FILIAS: LA ROMA DE LOS ANTIGUOS

No hay manera de comprender la mente de Brunelleschi sin entender su obsesión por Roma. No la Roma papal y corrupta de su tiempo, sino la Roma imperial, de mármol y proporciones divinas. Junto a **Donatello** —con quien viaja, discute, mide columnas y calcula proporciones durante largos meses en el foro romano— se obsesiona por la geometría, la perspectiva y la armonía clásica. **Roma** es su escuela, su amante, su guía.

Allí comprende que la arquitectura no puede seguir siendo un oficio de canteros sino que debe transformarse en una **ciencia del espacio**, de la proporción, del cálculo. De ahí su rechazo visceral a los modelos góticos: para él, el gótico es un *estilo bárbaro,* desproporcionado, emocionalmente exagerado. Él quiere orden, simetría, claridad. Y quiere demostrar que un hombre moderno puede hacer lo que los romanos hicieron —o incluso más.

SUS FOBIAS: LOS INGENIEROS MEDIOCRES, LOS ESCULTORES VANIDOSOS

Pocas cosas despertaban más antipatía en Brunelleschi que la mediocridad con pretensiones - como un seguro servidor de usted -. No toleraba a los arquitectos que no entendían la mecánica, ni a los escultores que se creían ingenieros. Su rivalidad con **Lorenzo Ghibert**i fue célebre y amarga.

Cuando en un principio el proyecto de la cúpula es adjudicado a ambos, Brunelleschi simula una enfermedad y se ausenta de la obra durante semanas. Ghiberti, incapaz de comprender los cálculos estructurales ni de organizar los trabajos, fracasa estrepitosamente. Brunelleschi regresa, con su salud milagrosamente restaurada, y toma las riendas del proyecto en solitario.

El odio entre ambos era tan proverbial que cuando un joven ayudante confundía las órdenes de uno con las del otro, Brunelleschi estallaba:

"¡Antes prefiero que se caiga la cúpula que seguir compartiéndola con ese orfebre ignorante!"

La construcción de la cúpula duró desde 1420 hasta 1436. Dieciséis años en los que Florencia vio levantarse un titán de ladrillo, curvado hacia el cielo como un caparazón monumental. Para ello, Brunelleschi inventó máquinas: grúas reversibles que subían y bajaban material sin desmontarse; poleas automáticas; elevadores tirados por bueyes que giraban sin que se enredaran los cabos. Todo estaba diseñado al milímetro. Incluso los andamios se iban desmontando a medida que se subía, en una danza vertical y matemática.

La estructura de doble cúpula —una interna que soporta la carga y otra externa, más ligera, que protege y decora— permitía aligerar el peso total y evitar que las paredes cedieran. Para impedir que la bóveda se abriera como una flor vencida por la gravedad, Brunelleschi ideó anillos de piedra y hierro que actúan como cinturones de compresión. El resultado fue tan robusto que, siglos después, cuando se realizaron estudios de resistencia, los ingenieros contemporáneos quedaron boquiabiertos: era más sólida que muchas construcciones modernas.

Una anécdota revela su perfeccionismo: al subir a revisar la colocación de unos ladrillos, descubrió que uno de los albañiles había alterado levemente el patrón de la espina de pez. Brunelleschi no dijo una palabra. Al día siguiente, el obrero fue despedido, y la sección rehecha.

"Una desviación de un dedo hoy", decía, *"será una grieta de un metro mañana".*

El huevo de Colombo... era florentino

La famosa historia del huevo atribuida a Cristóbal Colón en su discusión con los Reyes Católicos es en realidad una anécdota prestada, y la protagonizó Brunelleschi un siglo antes. El arquitecto florentino ya había hecho esa demostración en público, no para enseñar geografía ni navegación, sino para enseñar **la invisibilidad del genio**: cuando una idea es demasiado buena, parece evidente... después de que alguien la ha tenido.

Y ese era su drama: nadie entendía cómo lo hacía, pero una vez ejecutado, todos lo daban por obvio. Él no pedía aplausos, pero sí respeto. Era orgulloso, rencoroso y silenciosamente vengativo. Cuando un miembro del consejo de la obra le pidió que revelara el secreto de su técnica de construcción, él respondió: *"No se revela el alma a quien solo pide ladrillos".*

HUMOR ÁCIDO Y CARÁCTER VOLCÁNICO

Brunelleschi no era un hombre fácil. Como la inmensa mayoría de los auténticos genios. Su carácter era tan anguloso como la geometría que amaba. Se cuenta que, en una ocasión, un grupo de arquitectos rivales se burló de su insistencia en usar un diseño sin cimbras. Uno de ellos, para humillarlo, preguntó qué ocurriría si su cúpula comenzaba a abrirse durante la construcción. Brunelleschi, sin perder la compostura, dijo: *"Entonces le pondré su retrato en el centro, para que todos recuerden a quien ayudó a que se viniera abajo"*.

Sus fobias eran tan intensas como sus obsesiones. Detestaba a los que hablaban sin saber, a los burócratas que retrasaban pagos y a los teólogos que querían imponer proporciones simbólicas. *"Dios es geometría"*, decía, *"pero no teología"*.

En cambio, tenía filias inesperadas: adoraba a los artesanos competentes, a los albañiles que sabían colocar un ladrillo sin hablar, y a los aprendices curiosos. A uno de ellos, un joven que luego sería arquitecto, le regaló un compás de bronce grabado con la inscripción: *«Divide y vencerás»*.

UN ENTIERRO DIGNO DE EMPERADORES

Cuando en 1436 se termina la cúpula, toda Florencia celebra. Se bendice con una misa solemne y se coloca en la cúspide la linterna final. Años más tarde, esa linterna será coronada por una esfera dorada —también diseñada por Brunelleschi— que pesa dos toneladas. Fue tan preciso su cálculo, que esa esfera resistió rayos, tormentas y terremotos durante siglos, hasta que un rayo la derribó en 1601. Cuando la examinaron, todavía conservaba las marcas del maestro.

Brunelleschi murió en 1446. Fue enterrado en la catedral que ayudó a completar. No era costumbre dar tal honor a un artista, pero Florencia lo hizo. En su epitafio se lee:

"Aquí yace Filippo Brunelleschi, quien con divina mente construyó para la ciudad una estructura tan vasta que la cubre con su sombra."

Ninguna estatua fue más alta. Ninguna firma más duradera.

La cúpula de Brunelleschi no solo coronó una iglesia: **coronó una época.**

Fue la primera obra verdaderamente renacentista, que recuperaba el ideal romano con técnicas nuevas, y que hizo de la arquitectura no solo una artesanía, sino una ciencia y un arte.

Inspiró a Miguel Ángel en su diseño para la cúpula de **San Pedro**. Sorprendió a **Vasari**, que dedicó páginas enteras a la "máquina celeste" de Filippo. Y dejó atónito a **Leonardo**, quien copió sus máquinas en sus cuadernos.

Pero más allá de la técnica, lo que dejó fue una lección: el genio no se mide por su humildad, sino por su audacia. Brunelleschi desafió a la ciudad, a los cielos y a la historia... y ganó.

Cuando uno entra hoy en Santa Maria del Fiore y alza la vista hacia la cúpula, siente algo más que admiración arquitectónica. Siente una tensión antigua entre lo humano y lo divino. Porque esa cúpula, con su curvatura perfecta, no es solo una hazaña de cálculo. Es un grito: "**El hombre puede.**"

Y lo firmó un tipo hosco, de genio afilado, que no se fiaba de nadie, salvo de sus propias manos. Un hombre que, sin saberlo, le dio a Florencia su cielo.

EL JUEGO INMORTAL DE LA ASTUCIA. MAQUIA-VELO

Hay nombres que se pronuncian como una sentencia, como si al decirlos, el aire se volviera más denso, más grave, más lúcido. **Maquiavelo**. No es un nombre, es una advertencia. No es un hombre, es una cicatriz sobre la frente de la política, un susurro lúcido que aconseja al poder desde detrás del telón, sin pestañear, sin temblar, sin disculparse jamás. Los demás escribían plegarias, él escribía estrategias. Mientras otros invocaban a Dios, él le hablaba al Príncipe.

No le pidáis ternura. No le pidáis consuelo. Tampoco redención.

A cambio, os dará claridad. Una claridad tan feroz que corta como el acero veneciano. Si algo entendió Maquiavelo, fue esto: que el alma humana es veleidosa, que los pueblos son ingratos, que el poder es un animal que huele el miedo, y que la virtud, sin fuerza, es apenas un adorno para el féretro del infeliz.

Era florentino como quien es hijo de una ciudad condenada al genio. Nació en la urdimbre de una república tan refinada que se retorcía sobre sí misma, en espasmos de conspiraciones, decretos y perfidia.

El renacimiento palpitaba en cada esquina: los pinceles hablaban, las esculturas respiraban, los banqueros gobernaban. En ese caldo de cultivo de belleza y traición, Maquiavelo encontró su vocación: no cantar la gloria de los ángeles, sino desentrañar el arte de los lobos.

¡Observó! A los **Medici**, a **César Borgia,** a los franceses y a los españoles. Vio cómo se jugaba al ajedrez con vidas humanas, cómo las traiciones no eran desviaciones sino métodos. Vio que la piedad no siempre compensa, y que a veces *es mejor ser temido que amado,* si no se puede ser ambas cosas. Pero no lo dijo con cinismo, sino con amor a la verdad. Lo dijo como un cirujano que amputa para salvar. ¿Hipócrita? Nunca. Su cuchillo iba directo a la carne de la hipocresía.

Maquiavelo *no era maquiavélico*, aunque la paradoja nos tiente. Era un moralista sin ilusión, un patriota sin romanticismo, un filósofo sin toga. No quería maldad, quería eficacia. No adoraba al déspota, admiraba la pericia. No justificaba el crimen, explicaba su lógica.

Como si el mundo fuera un tablero sin dioses, y cada rey tuviera sangre en los nudillos. Su mirada no buscaba absolver ni condenar, sino comprender. Y eso es más osado que cualquier herejía.

«**El Príncipe**» no fue un canto a la tiranía, fue una súplica disfrazada de manual. Un intento desesperado de ofrecer a Italia, rota y devorada, una receta para su unidad.

Nadie quiso leerlo así. Lo leyeron como un evangelio del cinismo.

Pero Maquiavelo no escribía para los timoratos. Escribía para quienes comprendían que el poder no tiene madre, ni lealtad, ni horario.

Que manda quien sabe sostener el timón cuando el mar se vuelve pólvora.

Se dice que lo escribió en su exilio forzoso, lejos de la corte, con las manos sucias de tierra, como un agricultor de ideas amargas. De día, sembraba habas; de noche, sembraba clarividencia. Entre gallinas y nubes, urdía la arquitectura del poder, como quien borda una red para cazar tronos. No tenía cargos, pero tenía tiempo. Y el tiempo, en manos de un genio, es explosivo.

Su estilo es preciso como un escarpelo. Nada sobra. Nada tiembla. Cada frase tiene la densidad de una sentencia milenaria. Como cuando afirma que *los hombres son ingratos, volubles, simuladores, evasivos del peligro y ávidos de ganancias*. No los odia por ello: los describe. Como un anatomista del alma que ha visto demasiados cadáveres para creer en la inocencia. No juzga, solo clasifica. Y ahí, en ese escalofrío impersonal, está , precisamente, su genio.

¿Amaba Maquiavelo? Sí. Amaba a su patria con desesperación. Amaba la libertad de la república. Amaba las letras latinas. Amaba la conversación inteligente, el vino de las tabernas, los diálogos con fantasmas. En sus cartas a amigos se transparenta la ironía, el juego, la melancolía.

No era un monstruo frío, sino un ardiente testigo de un mundo insolente. Pero su amor no lo volvió ciego. Lo volvió estricto cirujano.

Una anécdota. Dicen que cuando hablaba de César Borgia —**el duque Valentino**— lo hacía con una mezcla de respeto y pavor. Porque Borgia encarnaba la tesis maquiavélica: fuerza, astucia, cálculo, resolución.

Se admiraban mutuamente, como dos jugadores que saben que el ajedrez se gana también con ponzoñas. Maquiavelo aprendió de él más que de **Aristóteles**. Vio cómo se conquista una ciudad y cómo se ejecuta a un aliado con teatralidad. El crimen, en política, es también mensaje.

Otra anécdota. Cuando Maquiavelo quiso regresar al servicio público, escribió a los Medici, sus antiguos adversarios. Les ofreció su pluma, su inteligencia, su alma. No por servilismo, sino por utilidad. Él sabía que el poder es pragmático, que el orgullo no paga salarios. No lo aceptaron. Prefirieron ignorar al hombre que les había entregado el mapa del poder. Porque no hay nada más incómodo que un espejo fiel.

Y sin embargo, en su retiro, siguió escribiendo. Tratados, comedias, discursos, sátiras. Fue uno de los primeros en reírse de sí mismo, como en su comedia "*La Mandrágora*", donde el engaño es regla, y el deseo, brújula. Ahí también se esconde su genio: en no tomarse tan en serio, en saber que tras cada gran doctrina hay un bufón que la parodia. Porque el mundo, pensaba él, es un teatro donde los más astutos escriben el guion.

Había en él un eco romano, un espíritu antiguo, como si **Cicerón** hubiese conocido a **Tácito** en una taberna de Florencia. Hablaba de virtù y fortuna, conceptos que no admiten traducción servil. *Virtù* no es virtud cristiana, es capacidad, audacia, talento. Fortuna no es azar, es la corriente del río que sólo el hábil sabe encauzar. Quien no entiende esto, no ha leído a Maquiavelo, ha leído su caricatura.

Es fácil odiarlo, es difícil entenderlo. Porque nos obliga a mirar donde no queremos: en la traición como herramienta, en el miedo como argamasa del poder, en la utilidad como brújula moral. Nos recuerda que los reyes no ganan batallas con salmos, ni conservan tronos con sonetos. Que la compasión es, muchas veces, una debilidad embellecida. Que el bien sin fuerza es pasto para los lobos.

Pero —y aquí el giro que lo redime— también nos dice que la política no es el reino de los santos, sino *el arte de lo posible.* Que hay momentos en que la república necesita de un puño, no de una oración. Que a veces el gobernante debe mancharse para que el pueblo no sangre. Que los escrúpulos, si no se acompañan de prudencia, son un lujo que no todos pueden pagar.

Y sin embargo, no hay amargura en sus páginas. Hay claridad. No hay odio, hay conocimiento. Como quien ha vivido demasiado y ya no se engaña. Como un sabio cansado que sonríe mientras el joven grita dogmas y consignas. Como quien sabe que tras cada revolución viene un contador, y tras cada héroe, un escribiente.

Maquiavelo murió sin gloria, sin cargos, sin tumba pomposa. Pero dejó un eco que no ha dejado de retumbar en los pasillos del poder.

Lo citan dictadores y lo estudian demócratas. Lo temen los moralistas y lo entienden los estrategas. Su nombre, convertido en adjetivo infame, es en realidad el homenaje involuntario que le rinde una humanidad que prefiere insultar al espejo antes que verse con honestidad.

Fue, en el fondo, un trágico. Porque amaba a una Italia que no existía, y propuso armas para construirla. Porque creyó que entender el poder era una forma de proteger a los débiles. Porque deseó, en su fuero más íntimo, una república gobernada con inteligencia, no con superstición. Pero el mundo no premia a quienes lo describen con precisión. El mundo ama la mentira confortable. Y Maquiavelo no mintió nunca.

Hoy lo imaginamos paseando entre los plátanos de un jardín toscano, discutiendo con los fantasmas de la historia: con **Tito Livio**, con **Savonarola**, con **Platón** y con **César**. Sonríe, seguro. No porque haya vencido, sino porque sigue siendo leído. Porque cada vez que un gobernante duda entre hacer lo justo o lo eficaz, Maquiavelo, desde algún rincón, enciende una lámpara. No para guiarlo, sino para que no tropiece en la oscuridad de su ingenuidad.

Y eso es la verdadera posteridad. No la del mármol, sino la de la vigencia. No la del elogio fácil, sino la del debate perpetuo.

No la del héroe, sino la del testigo incómodo.

Porque mientras haya poder, habrá maquiavelismo.

Y mientras haya mentira, habrá alguien que vuelva a sus páginas, como quien busca un oráculo brutal.

Y allí estará él: irónico, exacto, despiadadamente lúcido.

Sin biografía, sin excusas, sin pedir perdón.

Porque los hombres pasan.

Pero la astucia, cuando se escribe con estilo, se queda para siempre.

MIGUEL ÁNGEL BUONARROTI. GENIO, MÁRMOL Y FURIA

Pocas veces en la historia del arte se ha encarnado con tanta intensidad el arquetipo del artista torturado como en la figura de **Michelangelo Buonarroti**. Nacido en Caprese en 1475 y fallecido en Roma en 1564, vivió casi noventa años, lo cual, considerando su carácter irascible, su perpetua insatisfacción y su dieta emocional a base de disputas con papas, rivales y mecenas, es un auténtico milagro renacentista.

Miguel Ángel fue escultor, pintor, arquitecto y poeta. Y todo lo fue con un nivel tan alto de excelencia que ya en vida fue llamado "*el Divino*". Su talento era tan aplastante como su vanidad, y su biografía se debate entre la épica de la creación y la tragicomedia de sus múltiples enfrentamientos personales. Como si el mármol le ofreciera el único refugio frente a un mundo plagado de idiotas, enemigos, pontífices insufribles y competidores mediocres (según él, claro).

Miguel Ángel nació en la Toscana, en una familia que descendía de una rancia pero empobrecida nobleza florentina. Su padre se oponía a que el joven se dedicara al arte —actividad de artesanos, no de nobles—, pero el genio precoz ganó la partida. Ingresó como aprendiz en el taller de Ghirlandaio, pero pronto se sintió limitado por la pintura y se entregó en cuerpo y alma a la escultura, estudiando en los jardines de San Marco bajo el patrocinio de Lorenzo de Médici, el Magnífico.

En esta corte humanista, Miguel Ángel conoció a los grandes intelectuales del momento y desarrolló una espiritualidad peculiar, marcada por la lectura de Dante (a quien veneraba, cuál yo mismo), Platón y la Biblia. El contacto con las esculturas clásicas despertó en él una obsesión por la anatomía idealizada, el cuerpo masculino y la potencia física como expresión de lo divino. Es decir, todo lo contrario al ideal de belleza dulce y lineal de Rafael, a quien despreciaba muy cordialmente, ¡eso sí!.

Una de sus obras más emblemáticas es el **David**, tallado entre 1501 y 1504. La historia es de sobra conocida: el bloque de mármol había sido abandonado por otros escultores por defectuoso y desproporcionado. Miguel Ángel lo aceptó como un reto. Cinceló durante más de dos años, encerrado en una especie de trance obsesivo, hasta dar forma a un joven colosal que más que un pastor parece un semidiós griego al borde de enviar a Goliat al infierno de una pedrada.

Cuando se descubrió la escultura en Florencia, fue un escándalo y un triunfo. El David no era ya un símbolo religioso, sino político: la ciudad se reconocía en él como un pequeño pero valeroso Estado frente a los grandes poderes (papas, imperios y familia Médici incluidos). El cuerpo del David, tenso y poderoso, no representa la victoria, sino la concentración y la contención previa al acto. Toda la fuerza está ahí, latente. Como en el propio Miguel Ángel.

JULIO II. EL PAPA QUE NO SABÍA ESTARSE QUIETO

Uno de los episodios más delirantes de la vida de Miguel Ángel fue su tormentosa relación con **Julio II**, el papa guerrero, el papa impaciente, el papa con una lanza en una mano y un pincel en la otra (metafóricamente hablando).

Julio II le encargó a Miguel Ángel la construcción de su **mausoleo**, un gigantesco monumento funerario que debía incluir más de 40 figuras esculpidas. El artista aceptó con entusiasmo, pero pronto se encontró con problemas: el papa se impacientaba, no soltaba el dinero y, peor aún, cambió de idea. En vez del mausoleo, decidió que Miguel Ángel pintara el techo de la **Capilla Sixtina**, un encargo que el escultor consideraba humillante y contrario a su arte.

Miguel Ángel protestó, se negó, huyó a Florencia, se encerró, amenazó, se enfadó... y finalmente aceptó o , quizá, le obligaron a aceptar... que es lo más seguro.

Lo que siguió fue una hazaña que aún hoy asombra. Durante cuatro años, entre 1508 y 1512, Miguel Ángel pintó el techo de la Capilla Sixtina con escenas del **Génesis**, figuras colosales de profetas y sibilas, y una iconografía que mezcla teología, anatomía y filosofía neoplatónica. Lo hizo casi solo, de pie, sobre andamios diseñados por él mismo, con la pintura chorreándole en la cara y una lumbalgia eterna como compañera de trabajo. El resultado fue deslumbrante.

Pero la relación con Julio II no mejoró. El papa subía a ver el progreso, se quejaba del ritmo, le llamaba "caprichoso", y en una ocasión Miguel Ángel —según Vasari— le respondió:

"Yo soy escultor, no pintor. ¡Déjeme acabar de una vez y hágase enterrar en su bendito mausoleo cuando le venga en gana!"

Lo que, en roman paladino viene a decir, en inglés por si acaso:

Why don't you fuck off and leave me the fuck alone, okay, buddy?

Por supuesto, el mausoleo jamás se terminó como se planeó. De las más de 40 figuras previstas, solo unas pocas se realizaron. Entre ellas, el **Moisés**, una escultura de una fuerza brutal, con un Moisés airado que parece a punto de levantarse y liarse a bastonazos con todo el clero romano. Se cuenta que, el propio Miguel Ángel, al terminar el Moises, le dió un golpe en la rodilla y le dijo: ¡Habla!

La vida de Miguel Ángel estuvo plagada de enemistades. El más célebre de sus antagonistas fue **Donato Bramante**, arquitecto mayor de San Pedro y favorito de Julio II. Bramante era un hombre de gustos clasicistas, refinado, amigo de las proporciones limpias y los volúmenes equilibrados. Lo cual, en el universo de Miguel Ángel, era equivalente a ser un esteta insulso, paleto, chabacano y sin alma.

Según cuenta la tradición (y Vasari, que no era precisamente imparcial), Bramante saboteó el encargo de la Capilla Sixtina recomendando que Miguel Ángel, escultor y no pintor, fracasaría estrepitosamente. No contaba con la furia y el genio del toscano. Años después, cuando Miguel Ángel fue nombrado arquitecto de San Pedro, modificó los planes de Bramante con saña y encono casi personal. El domo definitivo, que corona la basílica, es una versión más potente y dramática del la que Bramante había concebido. Una forma de venganza arquitectónica que se eleva hacia el cielo.

Otro con quien no se llevaba bien era **Rafael Sanzio**, el pintor de Urbino, paradigma del equilibrio y la belleza clásica. Rafael era lo opuesto a Miguel Ángel: amable, diplomático, galante, querido por todos. Y eso le sacaba de quicio. Aunque ambos se respetaban como artistas, su relación fue tensa, plagada de indirectas y críticas veladas. Miguel Ángel despreciaba la "dulzura" de Rafael; Rafael consideraba a Miguel Ángel arrogante e intransigente, pero su admiración por Buonarroti era extasiante. Entre genios, los celos se miden en pinceladas y mármoles.

En 1536, Miguel Ángel fue llamado por **Clemente VII** (y luego por **Pablo III**) para pintar el fresco del **Juicio Final** en el altar de la Capilla Sixtina. Allí desató toda su potencia expresiva: cuerpos musculosos, condenados retorciéndose, santos lanzando instrumentos de tortura, y un Cristo que no bendice, sino que sentencia con gesto de desprecio olímpico. ¡No se describiría nunca bien, ¡hay que verlo! Y sacar tus propias conclusiones.

El Juicio fue duramente criticado por algunos sectores de la Iglesia. Las figuras desnudas, los gestos violentos, la intensidad anatómica, todo resultaba "indecente". Uno de los más críticos fue **Biagio da Cesena**, maestro de ceremonias del papa, quien dijo que aquel fresco pertenecía más a una taberna de borrachos que a una capilla.

Miguel Ángel, con su habitual diplomacia, pintó a Biagio en el infierno, como Minos, con orejas de burro y una serpiente mordiéndole el trasero.

Cuando Biagio se quejó al papa, Pablo III respondió, entre divertido y resignado:

"El infierno no está en mi jurisdicción. Si quiere salir, tendrá que hablar con Miguel Ángel."

Ya anciano, Miguel Ángel fue nombrado **arquitecto de la basílica de San Pedro**. Aceptó con reticencia, pues sabía que su tiempo era escaso, pero asumió la tarea como un acto de fe. Rediseñó la planta, modificó los planos de Bramante, y coronó la iglesia con la cúpula más colosal de la cristiandad junto a la de Brunelleschi en Florencia.

Se dice que supervisaba cada bloque de piedra, que corregía a los obreros, que trabajaba sin cobrar salario, "por amor a Cristo", y que, si algún día los ángeles construyen, será siguiendo planos hechos por Miguel Ángel.

Murió en 1564, a los 88 años, tras dejar una huella artística que ha marcado no solo la historia del arte, sino el concepto mismo de genio. Fue enterrado en Florencia, en Santa Croce, por deseo expreso de sus conciudadanos, que robaron su cuerpo a Roma como quien recupera una reliquia.

Miguel Ángel escribió también poesía. En sus versos, a menudo oscuros y místicos, se adivina una tensión entre la carne y el espíritu, entre el deseo y la redención. Afirmó que cada escultura ya está dentro del mármol, y que él solo se dedica a liberarla. Así entendía la vida: como una lucha contra la materia, contra los otros, contra sí mismo.

Fue un hombre difícil, contradictorio, ferozmente espiritual y terriblemente humano. Fue, en suma, un titán con cincel.

 Y como buen titán, no dejaba las cosas a medio hacer.

Ni siquiera las peleas. Las inmensas peleas que fueron sus más fieles compañeras.

MIGUEL SERVET: EL HUMANISTA, CIENTÍFICO Y TEÓLOGO CUYA VIDA Y LEGADO TRASCIENDEN EL TIEMPO

La historia está llena de figuras que, por su integridad, inteligencia y valentía, dejan una huella imborrable en la humanidad. Entre estos personajes, Miguel Servet destaca como un ejemplo sobresaliente de pensamiento crítico, dedicación científica y convicción religiosa, cuyo legado sigue inspirando a generaciones. Su vida, marcada por la pasión por el conocimiento y la justicia, refleja la lucha por la libertad de pensamiento y la búsqueda de la verdad en tiempos de oscurantismo y dogmatismo.

Miguel Servet nació en Villanueva de Sijena, en la provincia de Huesca, en 1511. Proveniente de una familia humilde, su curiosidad intelectual y su sed de conocimiento pronto le llevaron a abandonar su tierra natal en busca de una educación superior. A lo largo de su vida, se formó en diversas disciplinas, destacando en la medicina, la teología y las lenguas clásicas. Su formación en humanidades y ciencias fue exhaustiva, y su mente inquieta le impulsó a aprender en varios centros de Europa, incluyendo París, donde profundizó en estudios filosóficos y científicos.

Desde sus primeros años, Servet mostró una profunda vocación por entender el mundo y sus misterios, así como una inquietud por las cuestiones religiosas y espirituales. Esta combinación de intereses sería la base de su obra y de su trágica historia de persecución y martirio.

Uno de los aspectos más admirables de Miguel Servet fue su faceta como científico. En un tiempo en que la ciencia y la religión estaban en un conflicto constante, Servet se destacó por su rigor y su innovación en el campo de la medicina y la anatomía.

Su obra más famosa en este ámbito es *"Christianismi Restitutio"*, publicada en 1553, en la que abordaba temas teológicos, pero también contenía importantes aportaciones sobre la circulación pulmonar, anticipándose a la descripción de la circulación menor del sangre por parte de William Harvey siglos después. Servet fue uno de los primeros en proponer, basándose en observaciones anatómicas, que la sangre circulaba desde el corazón a los pulmones y luego al resto del cuerpo, un descubrimiento fundamental para la anatomía moderna y la fisiología.

Su interés por la medicina también le llevó a practicar y experimentar con diferentes técnicas y tratamientos, mostrando una mentalidad empírica y experimental que, en su tiempo, era bastante avanzada. A pesar de las limitaciones de la época, su trabajo científico fue pionero y refleja su espíritu innovador y su deseo de comprender el funcionamiento del cuerpo humano.

LA LUCHA POR LA LIBERTAD RELIGIOSA Y SUS CONVICCIONES TEOLÓGICAS

Pero la verdadera dimensión de Miguel Servet trasciende sus aportaciones científicas. Su pensamiento teológico y su lucha por la libertad de conciencia fueron igualmente cruciales y, en muchos aspectos, peligrosos. Servet fue un reformador religioso que, lejos de aceptar ciegamente las doctrinas establecidas, cuestionó abiertamente aspectos fundamentales de la doctrina cristiana, especialmente la doctrina de la Trinidad.

Su rechazo a la doctrina trinitaria, considerada herética por la Iglesia Católica y también por muchas confesiones protestantes de la época, le llevó a enfrentarse con las autoridades religiosas. Servet defendía una visión unitaria de Dios, en la que la existencia de Jesús no implicaba una trinidad de personas divinas, sino una concepción más sencilla y racional de la divinidad.

Estas ideas, aunque en línea con algunos movimientos protestantes emergentes, le hicieron enemigo de la ortodoxia. Sus escritos teológicos, que defendían la libertad de pensamiento y la interpretación individual de las escrituras, fueron considerados peligrosos y heréticos. La intolerancia y la falta de tolerancia religiosa en su tiempo le convirtieron en un objetivo de persecución.

La vida de Miguel Servet fue marcada por la persecución y la lucha por su libertad de conciencia. Tras su paso por varias ciudades europeas, incluyendo Ginebra, donde residió en la comunidad protestante liderada por Juan Calvino, su pensamiento radical y sus críticas abiertas a las doctrinas oficiales le acarrearon graves problemas.

En Ginebra, su postura unitaria le enfrentó con las autoridades reformadas, y en 1553 fue arrestado y juzgado por herejía. La sentencia fue la condena a muerte, y en 1553 fue quemado en la hoguera en Ginebra, en una de las ejecuciones más trágicas y recordadas de la historia religiosa europea.

A pesar de su trágico fin, la figura de Servet se convirtió en símbolo de la lucha por la libertad de pensamiento y la resistencia frente a la intolerancia. Su martirio, lejos de silenciar sus ideas, las convirtió en un faro para quienes defendían la libertad de conciencia y el respeto por la diversidad de ideas.

La figura de Miguel Servet ha sido rehabilitada con el tiempo y reconocida como uno de los pensadores más adelantados de su época. Su valentía al desafiar las imposiciones dogmáticas, su compromiso con la verdad y su dedicación a la ciencia y la libertad de conciencia lo convierten en un ejemplo admirable para todos nosotros.

En la actualidad, diferentes instituciones y movimientos culturales honran su memoria, y su vida es considerada un símbolo de resistencia frente a la opresión intelectual y religiosa. Su legado también ha inspirado a científicos, teólogos y defensores de los derechos humanos que luchan por un mundo más justo y racional.

Su contribución a la anatomía, en particular, sentó las bases para posteriores descubrimientos en fisiología y medicina, demostrando que la curiosidad y el método científico son herramientas fundamentales para el progreso humano. En el ámbito religioso, su ejemplo nos recuerda la importancia de la libertad de conciencia y el valor de cuestionar las doctrinas dogmáticas en búsqueda de la verdad.

Miguel Servet fue un hombre de múltiples talentos y convicciones firmes, cuya vida refleja los valores del humanismo, la ciencia y la justicia. Su ejemplo nos invita a ser valientes en la búsqueda del conocimiento, a defender la libertad de pensamiento y a luchar contra la intolerancia y la opresión en todas sus formas.

Su legado, presente en la ciencia moderna y en la historia de los derechos humanos, nos recuerda que la verdadera libertad implica cuestionar, investigar y defender la dignidad de cada ser humano para pensar y creer según su propia conciencia.

La figura de Servet, por tanto, no solo merece ser admirada, sino también emulada, como un símbolo de integridad y valentía en la defensa de la verdad.

UMBERTO ECO. EL ARQUITECTO DEL SABER QUE ESCONDÍA EL SUSPENSE TRAS LAS PIEDRAS MEDIEVALES

Leer a Umberto Eco es como abrir una puerta de roble que chirría sobre sus goznes, mientras detrás se revelan claustros, criptas, códices y un universo semiótico donde cada palabra encierra un eco (nunca mejor dicho) de los milenios. Para un lector con hambre de historia, estética, filosofía y misterio, acercarse a Eco no es solo un acto de lectura: es un rito iniciático. Entre los muchos autores que han trabajado el mundo medieval en clave de ficción, suspense o simbolismo, pocos lo han hecho con la profundidad, erudición y osadía narrativa que desplegó Eco. Me gusta exponer mi profunda admiración por su figura, su obra y su incalculable influencia como precursor del medievalismo literario contemporáneo con trasfondo de intriga.

Porque sí: si hoy el mercado editorial está plagado de novelas medievales con tintes detectivescos, investigaciones en conventos, alquimistas heréticos, códices perdidos y complots vaticanos, se debe en gran parte a la piedra fundacional que dejó caer Umberto Eco en 1980 con ***El nombre de la rosa*** (que yo recuerde, el único libro que me ha tenido despierto durante cuatro noches seguidas; bueno, la **Divina Comedia,** también).

Nacido en Alessandria, en 1932, y formado en filosofía y estética medieval, **Umberto Eco** se ganó primero un lugar como teórico de la semiótica, ese campo que estudia cómo funcionan los signos, los símbolos y los sistemas de comunicación en la cultura. Antes de ser novelista, Eco fue un pensador que diseccionó la estructura del pensamiento y del lenguaje con la precisión de un terapeuta que ha leído a **Tomás de Aquino y a Peirce** por igual.

Su tesis sobre *La estética de Santo Tomás* es una rareza deliciosa, y sus tratados como *Obra abierta* o *La estructura ausente* definieron las pautas de la interpretación cultural del siglo XX.

Pero fue con *El nombre de la rosa* que Eco saltó del claustro académico a la plaza pública de los lectores. Y lo hizo sin rebajar su exigencia intelectual ni su amor por los intertextos. De hecho, como lector, uno no accede a Eco, sino que se gana el derecho de entrar en su universo a través de la perseverancia y el goce de la dificultad.

EL NOMBRE DE LA ROSA: MÁS QUE UNA NOVELA

Publicado en 1980, *Il nome della rosa* fue un fenómeno. No solo por su venta millonaria y sus traducciones, sino porque reinventó la novela histórica. Ya no bastaba con ambientar una historia en el siglo XIV: había que entenderlo, pensarlo, sufrirlo.

Eco logra —con prodigiosa maestría— combinar la estructura del *whodunit* (¿quién lo hizo?) con una inmersión filosófica en el pensamiento medieval. El personaje de Guillermo de Baskerville no es un simple Sherlock con hábito franciscano: es un símbolo del pensamiento racional enfrentado al oscurantismo. Y el monasterio donde transcurre la acción no es solo un escenario, sino un microcosmos donde se juega la pugna entre la razón y la fe, la palabra y el silencio, el saber y el dogma.

La biblioteca-laberinto —auténtico personaje central— sintetiza toda la visión del mundo de Eco: el conocimiento como laberinto inagotable, como red de signos que remiten unos a otros sin cesar. Leer *El nombre de la rosa* es recorrer ese laberinto con una linterna encendida por la semiótica.

Eco no utilizó el Medioevo como decorado folclórico, sino como una estructura de pensamiento. Su fascinación por la Edad Media no respondía a una nostalgia ingenua, sino a un profundo interés por la génesis del pensamiento occidental.

El Medioevo es, en Eco, el laboratorio donde nacen nuestras grandes categorías: la autoridad del texto, la interpretación, el poder del lenguaje, la censura, la herejía, el dogma, la utopía. Al ambientar sus novelas en ese universo, Eco no solo revive un mundo pasado: lo somete a prueba, lo disecciona y lo convierte en espejo deformante del presente.

Lo que en otros autores sería simplemente una atmósfera, en Eco es arquitectura conceptual. Sus descripciones de códices, pergaminos, miniaturas, inquisidores, clérigos escolásticos, disputationes y herejías, no son color local: son operaciones simbólicas que dialogan con el presente desde los estratos más profundos del conocimiento.

Uno de los aspectos más notables de la novela ecoiana es su capacidad para generar tensión sin renunciar a la densidad. En *El nombre de la rosa*, la intriga se teje con signos, con sospechas, con miradas, con manuscritos que envenenan a quienes los leen. No hay persecuciones frenéticas ni tiroteos, pero el lector avanza con la urgencia de quien teme que una palabra mal interpretada puede costarle la vida.

Ese equilibrio entre erudición y suspense es uno de los legados más fecundos de Eco. Lo que luego harían autores como Iain Pears (*La cuarta verdad*), Arturo Pérez-Reverte (*El club Dumas*) o incluso Dan Brown —aunque muy lejos del rigor de Eco—, ya estaba en germen en sus novelas. Pero, a diferencia de muchos imitadores, Eco no simplifica, no digiere, no edulcora. Confía en la inteligencia del lector. Y ese respeto es, hoy, una forma de resistencia.

Aunque *El nombre de la rosa* fue su obra más popular, las otras novelas de Eco no son menos ambiciosas. *El péndulo de Foucault* (1988), por ejemplo, es un tour de force intelectual que satiriza el pensamiento conspirativo y las obsesiones esotéricas de la modernidad. Es, si se quiere, el reverso contemporáneo de su debut medieval.

La isla del día de antes, Baudolino o El cementerio de Praga amplían su mirada hacia otros períodos históricos, pero mantienen su sello: una narración en espiral, erudita, que desafía al lector a pensar mientras disfruta. Leer a Eco requiere lente bifocal: un ojo en el dato histórico, otro en la metáfora filosófica.

Y siempre, siempre, la risa. Porque Eco, como buen heredero de **Aristóteles** y de **Rabelais**, sabía que el humor es un instrumento de conocimiento. Su risa es culta, irónica, socrática. Una risa que ilumina más que burla.

En ***Seis paseos por los bosques narrativos*** y en ***Lector in fabula***, Eco reflexiona sobre la lectura como un acto participativo. El lector no es un receptor pasivo, sino un co-creador de sentido. Esta teoría no solo la elaboró, sino que la aplicó con precisión quirúrgica en sus ficciones.

Leer a Eco es asumir que uno debe trabajar. Buscar, recordar, relacionar, interrogar. No es un autor que regale respuestas. Pero sí uno que siembra pistas, como migas de pan, para que el lector se pierda en el bosque del texto y, en ese extravío, aprenda a orientarse.

Esa concepción lúdica y desafiante de la literatura es también profundamente ética. Frente a la pasividad del lector de best-sellers anestesiados, Eco propone una literatura activa, exigente, formativa. Una literatura que no teme ser difícil, porque confía en que el lector puede y debe crecer.

Como lector apasionado por la historia, la filosofía y la belleza de la palabra bien dicha, descubrir a Eco fue encontrar a un autor total. Alguien que no temía que sus novelas fueran complejas, que sus personajes citaran en latín, que sus tramas exigieran concentración. En esta urdimbre de inmediatez, de tuits y resúmenes, leer a Eco es un acto de rebeldía.

Pero no solo admiro su erudición. Admiro su humor sutil, su ironía constante, su humildad académica, su rechazo del dogmatismo. Eco no predica, sugiere. No impone, propone. No simplifica, complejiza. Y en ese gesto ético reside su grandeza.

Leer a Eco me hizo más riguroso, más curioso, más libre. Me enseñó que la inteligencia no está reñida con el placer, y que una novela puede ser, a la vez, una clase magistral y una aventura.

Hoy, a casi una década de su muerte, el trono literario de Eco está vacío.

Hay quienes lo imitan, pero pocos lo igualan. Porque para escribir como Eco no basta con documentarse bien: hay que haber vivido en las ideas, haber conversado con los muertos, haber reído con los escolásticos y llorado con los herejes.

Eco no solo inauguró un género. Fundó una ética de la narrativa: escribir con responsabilidad, leer con profundidad, pensar con humor. Y esa ética sigue siendo revolucionaria.

Umberto Eco no fue un autor fácil. Pero la historia no suele recordar a los fáciles. Lo que Eco nos dio es imperecedero: una forma de leer el mundo a través de sus signos, una forma de mirar el pasado como espejo del presente, y una manera de narrar donde el suspense no se basa en la acción, sino en la comprensión.

Por eso le leo. Por eso le admiro. Porque en tiempos donde todo se simplifica, Eco nos recuerda que la complejidad es hermosa. Y que una novela puede ser un monasterio, una biblioteca, una trampa, un juego y una revelación.

Y eso, lector, no tiene precio.

GAUDÍ: EL ARQUITECTO QUE SOÑABA CON LA LUZ

Admirar a **Antoni Gaudí** es, en cierto modo, una forma de rendirse. De dejar las armas de la lógica, de la modernidad, de la utilidad, y entrar descalzo en un templo donde los árboles son columnas, las piedras suspiran, y la luz se convierte en materia sagrada. Admirarlo no es una postura intelectual, ni siquiera una elección estética: es una rendición de la sensibilidad ante un hombre que no construyó edificios, sino oraciones.

Gaudí no solo fue un arquitecto. Fue un vidente. Un médium del misterio. Un hombre de carne y hueso que parecía hecho de silencio, de intuición, de arcilla bendita. Lo contemplo —desde la distancia de los años, desde el temblor de mi admiración— como se contempla a los santos sin canonizar. Porque antes que artista, antes que genio, antes que leyenda, fue un hombre puro. De esos que ya es muy raro encontrar. De esos que no se compran, no se imitan, no se olvidan.

SUCINTA BIOGRAFÍA

Antoni Gaudí i Cornet (1852–1926) fue un arquitecto catalán y exponente del modernismo. Nació en Reus el 25 de junio de 1852 y estudió en la Escola Tècnica Superior d'Arquitectura de Barcelona, graduándose en 1878. Sus obras destacan por la integración de formas orgánicas, la inspiración en la naturaleza y el uso de materiales como cerámica, hierro y vidrio. Entre sus proyectos más emblemáticos figuran la Sagrada Família, el Parque Güell, la Casa Batlló y la Casa Milà. Su estilo evolucionó desde el eclecticismo inicial hasta la madurez modernista, caracterizada por líneas curvas, trencadís y soluciones estructurales avanzadas. En 1925 dedicó su vida a la Sagrada Família, templo inacabado que simboliza su fe. El 7 de junio de 1926, tras ser atropellado por un tranvía en Barcelona, falleció y fue enterrado en la cripta de la basílica. Su legado influyó en la arquitectura contemporánea y le valió gran reconocimiento internacional.

EL SUSURRO DE LA CREACIÓN

Gaudí no miraba la naturaleza como la miramos muchos de nosotros, distraídos por el hábito, ciegos por la costumbre. Él la escuchaba. Se detenía ante la hoja de una parra como si le hablara un ángel, leía en las vetas de la madera un mensaje cifrado, encontraba en el caracol la arquitectura perfecta. Mientras el mundo alzaba fábricas, él escuchaba los árboles. Mientras las ciudades crecían como monstruos de humo y prisa, él soñaba torres que se elevaban como oraciones.

Nada en él fue arbitrario. Ni un color, ni una curva, ni un mosaico de cerámica rota. Todo en él era obediencia. Obediencia a la luz, al viento, a la vida. Su arquitectura siempre me ha impuesto y siempre me acompaña. No declara, canta. Sus obras no son edificios: son ceremonias talladas. Entrar en la Casa Batlló, en el Park Güell, en la cripta de la Colonia Güell, es como entrar en una misa sin palabras, en una catedral vegetal donde todo crece sin violencia, donde hasta el aire parece bendecido.

EL ASCETA QUE TRAZABA MILAGROS (SEGÚN YO LO IMAGINO)

Más allá del artista, admiro al hombre. Su vida fue el verdadero milagro. Porque eligió no el camino del prestigio, sino el de la fe.

Según yo lo pienso, vivió con la humildad de los escogidos. Pudo haber comido en los salones de los condes, y prefirió el pan oscuro y la soledad. Pudo haber viajado, comprado, celebrado, y eligió quedarse, entre los andamios de su vocación, como un monje en su celda de piedra.

Gaudí envejecía mientras su obra crecía. Él se encogía, se secaba como un fruto al sol, pero su alma era cada día más vasta. Iba perdiendo lo que el mundo llama belleza, éxito, elegancia. Pero ganaba otra cosa: un fulgor invisible, una paz de otro tiempo. Caminaba por Barcelona como un profeta descalzo, un loco sereno que llevaba en su corazón los planos de un templo imposible.

Murió como vivió: pobre, ignorado, confundido con un mendigo. ¿Y no es acaso esa la muerte de los santos? ¿No es ese el destino de los que nunca fueron de este mundo?

LA SAGRADA FAMILIA: BOSQUE, REZO, CIELO

La Sagrada Familia no es un edificio. Es un eco. Un reflejo de lo que el alma humana puede alcanzar cuando se rinde por completo a lo invisible. Hay algo en ella que no se puede explicar: una gravedad suave, una música callada. Sus columnas son troncos, sus cristaleras son fuego detenido, sus torres son dedos que buscan tocar el rostro de Dios.

Cada piedra parece haber sido puesta no por una mano, sino por una plegaria. Y aunque sigue inacabada, aunque los años la construyen como si fuera un árbol milenario, ya es perfecta. Porque su imperfección es humana, y lo humano, cuando está ungido de amor, se convierte en divino.

Yo he caminado por su interior como quien se adentra en un sueño. He sentido que allí no se necesita hablar. Que basta estar. Respirar. Escuchar. Y entonces lo entendí: Gaudí no quería levantar una iglesia. Quería levantar el alma.

UN CORAZÓN ENTREGADO A LO ETERNO

Lo que más admiro de él es esa coherencia absoluta. Esa forma de vivir para algo más alto que uno mismo. En una época ruidosa, él eligió el silencio. En un mundo de velocidad, él eligió el tiempo largo. Mientras todos corrían, él cavaba hondo. Mientras todos alzaban la voz, él afinaba la escucha. No quería ser moderno, quería ser verdadero.

Y lo fue. Sin posposidad, sin conferencias, sin arrogancia. Fue verdadero como el agua, como la piedra, como el sol que entra por un rosetón de colores y convierte la sombra en milagro.

GAUDÍ, EL INACABADO

Hay algo profundamente poético en que la Sagrada Familia siga, aún hoy, incompleta. Es como si el propio universo quisiera recordarnos que la belleza más alta está siempre inacabada. Que lo perfecto no está en lo concluido, sino en lo que sigue creciendo, latiendo, soñando.

Gaudí no quiso terminar su obra. Quiso dejarla viva. Como un hijo que uno confía al mundo. Como una melodía que otros, después, deberán seguir cantando. Su legado no es una firma, es un susurro. No es una estatua, es una semilla.

PORQUE... LO ADMIRO TANTO

Admiro a Gaudí porque fue luz en un mundo ciego. Porque no buscó agradar, sino honrar. Porque no dibujó casas, dibujó plegarias. Porque no vendió su alma por ningún premio. Porque fue coherente hasta el final. Porque creyó. Porque soñó. Porque amó su oficio con una devoción casi monástica. Porque fue fiel.

Y la fidelidad, en tiempos de impostura, es el más raro y el más valioso de los milagros

LA VIDA DE LÁZARO SEGUROLA, AVENTURERO SEMPITERNO

Siempre he tenido una especial devoción por el « Lazarillo de Tormes», por mucho que sea de autor Anónimo – pero alguien lo escribió, eso seguro – por ser todo un gigante, a hombros del cual, me gustaría subirme y que me conduzca. De hecho es uno de esos personajes que, aunque ficticios, sin honores y sin glorias, ha conseguido que sus andanzas estén presentes en tiempos pasados, presentes y futuros: La picaresca española es, sencillamente, inmortal e inmorible.

PRÓLOGO AL CURIOSO LECTOR

No se escandalice vuesa merced si al leer esta historia siente la necesidad de reír y llorar a un tiempo, pues así es la vida de quien ha nacido no para mendigar, sino para sobrevivir entre caraduras con despacho, ladrones con corbata y santos de nómina.

Lázaro Segurola no vino al mundo para ser mártir, ni héroe, ni influencer, sino para relatar, con desparpajo y algo de astucia, cómo se puede ser más honesto en la miseria que los grandes en su abundancia.

Y es que si el antiguo Lázaro servía a ciegos y clérigos, el moderno Lázaro tuvo como amos a políticos de tertulia, coaches motivacionales, alcaldes veganos, criptogurús y hasta un youtuber que predicaba el desapego desde su ático en la Castellana. Y, pese a ello, Lázaro Segurola jamás robó más que una mirada, ni mintió más que una vez (y fue por amor propio, lo cual es pecado venial). ¿Puede decir lo mismo su Excelentísimo Ministro de Transparencia? Ay, lector...

Tratado primero: de cómo lázaro nació en un hospital público y ya eso fue milagro

Nací, como tantos otros, en el ala izquierda de un hospital que aún no había sido privatizado. Mi madre, funcionaria del archivo municipal, me parió entre huelgas sanitarias, recortes presupuestarios y el ronquido persistente de una señora que llevaba tres días esperando un TAC. Mi padre, según supe más tarde, huyó del paritorio al enterarse de que el niño venía sin seguro dental.

Crecí entre legajos y archivadores, y cuando aprendí a leer, me aficioné no a los cuentos sino a las actas de pleno del ayuntamiento, donde la fantasía política superaba con creces cualquier ficción infantil.

A los nueve años, ya había entendido que las dietas no eran para adelgazar y que los sobres en negro eran tradición más ancestral y tradicional que el propio flamenco "jondo".

Tratado segundo. De cómo serví a un coach motivacional y casi pierdo la fe en la humanidad

Mi primer amo fue don Íñigo de la Serna, coach motivacional de Instagram, que decía frases como "No eres pobre, solo estás pre-rico" o "Si visualizas el éxito, el éxito se manifestará en ti, salvo que Hacienda lo impida". Me hizo llevarle la agenda, programar sus publicaciones y servirle té verde mientras él gritaba a su audiencia que jamás se resignaran a trabajar para otros.

—Tú, Lázaro, debes aspirar a ser millonario antes de los treinta —me decía mientras me pagaba en visibilidad y retuits—. Solo los mediocres piden nómina.

Yo, que aún tenía esperanza en que la dignidad laboral no fuese una leyenda, le pregunté un día:

—¿Y usted cómo se hizo rico?

—Heredé cinco pisos de mi abuela. Pero eso no tiene mérito, el mérito es creértelo, Lázaro.

No duré mucho con él. Me fui una madrugada, robándole solo un libro de Paulo Coelho y un bote de colágeno vegano.

Tratado tercero. De cómo conocí a una diputada progresista y aprendí que el feminismo no siempre es horizontal

Tras mi paso por el mundo de las frases vacías, entré al servicio de doña Beatriz, diputada por el partido Ecoprogresista Circular Verde. Era activista de causas múltiples, incluyendo la del salario mínimo (que nunca me pagó). Predicaba el uso de la bici, aunque tenía chófer; hablaba del poder popular, pero yo no podía hablar con ella si no me anunciaba su secretaria.

Vivía en un loft ecológico, decorado con muebles de IKEA y discursos de Clara Campoamor. "Lázaro", me decía, "yo lucho por ti, por los desfavorecidos, por los precarios como tú".

Y yo, que ya había servido a un coach, respondía: "Doña Bea, ¿y no podría luchar por mí desde más lejos? Porque su lucha me tiene fregando con vinagre de manzana para no contaminar".

Duré poco. Me despidió porque descubrí que su perro comía carne de canguro importada y lo mencioné en una reunión del partido. Me indemnizó con un abrazo inclusivo y una suscripción gratuita a su boletín.

Tratado cuarto. De cómo estuve al servicio de un influencer de la espiritualidad y me descubrí a mí mismo (y a su cuenta en andorra)

Mi siguiente amo fue Gurú Zafrán, maestro espiritual, vegano de palabra y omnívoro de obra. Tenía tres millones de seguidores y hablaba desde la montaña, aunque vivía en un ático en Madrid con jacuzzi y Netflix Premium. Me contrató como asistente de karma.

—Tú, Lázaro, debes alinearte con tu chakra solar —me decía mientras yo limpiaba con salvia su sofá de piel de vaca sintética—. Todo es energía, menos los impuestos, que son represión estatal.

Un día descubrí su verdadera religión: la facturación en Andorra. Y aunque no robé, fui acusado de robarle la paz interior cuando le pedí contrato.

—Te has vuelto muy material, Lázaro —me dijo con tristeza—. Te has dejado corromper por el sistema.

Y me echó con una colleja sutil, como un mantra.

Tratado quinto. De cómo serví a un alcalde ejemplar que robaba sin dejar huella

Llegué a ser mayordomo del excelentísimo señor don Silvino Arrieta, alcalde del municipio de San Cristóbal de las Viñas Unidas. Hombre recto de perfil, de verbo florido y ética de quita y pon. Decía servir al pueblo como un cura a su feligresía, aunque su feligresía era él mismo y su cuñado.

En sus discursos hablaba de transparencia, pero todos los contratos del ayuntamiento se hacían con letra opaca y comas sospechosas. Me encargó que gestionara las facturas de las obras públicas, aunque nunca se iniciaron. "Lázaro", me decía, "la honestidad está en la intención, no en el presupuesto".

Descubrí que tenía más cuentas que el INE, y que su perro estaba empadronado como vecino y cobraba una ayuda por dependencia.

Yo, que había sido criado con una madre que nunca se llevó un lápiz de la oficina, no pude soportarlo. Le dejé una nota: "Me voy, señor alcalde. No porque robe usted, sino porque roba con tan poca gracia que da usted pena".

Tratado sexto. De cómo fui pareja de una feminista heterodoxa y terminé durmiendo en el felpudo

No todo fueron amos, que también tuve amores. Mi mayor pasión fue Carlota, profesora de literatura comparada y poeta ocasional, que escribía haikus sobre la injusticia fiscal. Vivimos juntos durante dos años, me parece, en los cuales aprendí que el amor no siempre es igualitario y que el reparto de tareas, según ella, era un constructo capitalista.

"Lázaro, tú sacas la basura porque yo saco los traumas de mi linaje materno", me decía mientras yo fregaba los platos y ella corregía ensayos sobre Virginia Woolf en su iPad Pro.

Leí a Simone de Beauvoir y hasta asistí a un taller de deconstrucción masculina donde me hicieron gritar "¡yo soy el patriarcado!" mientras bailábamos con túnicas. Al final, me dejó por un guitarrista que tocaba solo con la mano izquierda, por no caer en el privilegio diestro.

Tratado séptimo. De cómo fui honesto entre corruptos y eso me convirtió en leyenda de barrio

Hoy vivo en una buhardilla alquilada en negro, pero pago en tiempo. Sobrevivo haciendo recados para viejas que no confían en Amazon y redactando discursos para políticos que no confían en el diccionario. No tengo coche, pero sí principios, que es lo que más cuesta aparcar en esta ciudad.

Dicen que soy un pícaro, pero no es cierto. Soy un superviviente. Un testigo. Un cronista de la hipocresía. Robar, no robé. Mentir, solo cuando me enamoré. Engañar, solo al espejo, alguna mañana.

Y sin embargo, mírame: sin deudas, sin denuncias, sin followers, pero con la frente alta.

EPÍLOGO A LA GLORIA INVISIBLE

Quien quiera buscar héroes que miren a Lázaro Segurola, que no fue ministro ni CEO, ni escritor de autoayuda ni tertuliano de plató, sino un hombre que vivió entre pícaros con corbata y fue el único que no vendió su alma, porque no encontró a nadie que se la comprara.

Si el Lazarillo de Tormes abrió los ojos a los ciegos del siglo XVI, que este Lázaro Segurola abra los de este siglo XXI: un tiempo donde el mayor crimen es ser pobre y el mayor mérito, parecer rico.

Y si algún día la historia le hace justicia, no será con un monumento, sino con una beca para todos los lazarillos que vienen, y que aún creen, pobres ingenuos, que se puede vivir con dignidad sin robar ni siquiera a uno mismo.

Amén, y que Hacienda no te pille.

EL CISNE ARROGANTE RUDOLF NUREYEV: GE-NIO, TIRANO, HOMOSEXUAL ORGULLOSO... Y MI ETERNA ADMIRACIÓN

Fue arrogante hasta el delirio, imposible de tratar, dueño de una megalomanía sin disculpas. Y sin embargo, fue —y sigue siendo— el bailarín más fascinante del siglo XX. Esta es una carta de afecto rendida, y no por eso ciega, a un dios que caminaba como hombre... cuando no bailaba como un relámpago.

NUREYEV NO SE HACÍA QUERER. SE HACÍA MIRAR.

La primera vez que vi bailar a **Rudolf Nureyev** fue hace los años suficientes en la ópera **Garnier de París**. Un *"Le Corsaire"* añejo, donde el decorado parecía hecho con cortinas de ducha y la música retumbaba como dentro de una olla. Pero ahí estaba él. Un animal mitológico en mallas, surcando el escenario como si la gravedad fuese una vulgar sugerencia para los mortales.

Y entonces, me descubrí hablando en voz alta:

—Este tipo... ¿de qué estrella ha caído?

Así nació mi admiración. No de la ternura, ni de la empatía. De la estupefacción. De la certeza de estar viendo algo radicalmente distinto. Lo sublime no siempre es simpático. A veces, tiene rostro de emperador tártaro y ojos que no piden perdón.

UN CUERPO EN GUERRA CONTRA EL MUNDO

Nacido en 1938, en un tren rumbo a Vladivostok —como si el destino ya le negara el reposo—, Rudolf creció en la pobreza soviética y se convirtió en el bailarín más célebre y controversial del planeta. En parte por su técnica devastadora. En parte por su temperamento volcánico. Y en parte, también, porque fue uno de los primeros grandes artistas del ballet que no escondió ni silenció su homosexualidad.

En una época en la que ser gay no solo implicaba el rechazo social, sino una amenaza real de cárcel (y en la URSS, de gulag), Nureyev eligió la visibilidad. No militó. No pronunció discursos. No necesitó etiquetas. Simplemente vivía con una libertad insultante. Amó a hombres, lo dijo, lo vivió, lo bailó. *"No tengo tiempo para avergonzarme de lo que soy. Estoy demasiado ocupado siendo yo"*, dijo una vez.

No era un activista con pancarta. Era una pancarta viviente. Su sola existencia era un acto de desafío.

EL SALTO DEL SIGLO (Y LA GRAN FUGA)

En 1961, con apenas 23 años, desertó del Kirov durante una gira en París. Escapó del régimen soviético abrazando el Occidente con el dramatismo que solo alguien como él podía ejecutar sin parecer ridículo..

Lo hizo en el aeropuerto de Le Bourget, rodeado de agentes del KGB, escoltado por la policía francesa y protegido por Clara Saint —amiga del hijo de Malraux— en una escena más propia de una ópera de espionaje que de una biografía.

Fue entonces cuando el mundo occidental lo abrazó... y contuvo el aliento. Porque el bailarín traía consigo un torbellino: talento, arrogancia, insolencia, deseo. Ya no solo era un prodigio ruso: era el hombre más deseado de la danza.

LA BELLEZA INSOPORTABLE

Nureyev no bailaba para complacer. Bailaba para dominar. No se adaptaba a las coreografías: las reformaba. No aceptaba segundos planos: los borraba. Y si un director se atrevía a indicarle algo que no aprobaba, simplemente lo ignoraba o lo humillaba con una réplica implacable.

Era, como lo definió un crítico: *"Un Apolo con complejo de Zeus."*

Pero incluso quienes lo detestaban en los pasillos, lo aclamaban en la platea. Porque cuando Nureyev entraba en escena, todo lo demás desaparecía. Era como si el tiempo se dilatara para él. Como si el arte se entregara por completo, resignado ante la evidencia: ese cuerpo no bailaba. Ese cuerpo poseía.

MARGOT FONTEYN: LA REINA Y EL TIGRE

Su relación profesional —y casi espiritual— con Margot Fonteyn fue uno de los grandes duetos artísticos del siglo. Ella tenía 42 años. Él, 24. Y sin embargo, en escena eran Romeo y Julieta. Nunca se besaron fuera del escenario. Nunca fueron pareja. Pero entre ellos ardía una lealtad extraña, feroz, sin nombre.

"She was my everything," diría Nureyev más tarde. Y Fonteyn, más lacónica pero igual de intensa, sentenció: *"Rudolf me dio una segunda vida."*

Cuando bailaban juntos, ocurría algo raro: él dejaba de ser tirano. Ella, de ser estatua. Y ambos se volvían vértice de un mismo milagro.

LA SOMBRA DEL SIDA Y LA DIGNIDAD DEL FINAL

A mediados de los años 80, Nureyev fue diagnosticado con VIH. Durante años lo ocultó, no por vergüenza, sino por obstinación. Siguió bailando. Siguió coreografiando. Siguió viviendo con la intensidad de quien sabe que el reloj se ha convertido en una cuenta atrás.

En su última aparición pública, en 1992, dirigió *"La Bayadera"* en la Ópera de París. El público sabía que estaba enfermo. Caminaba con dificultad. Tenía el rostro hundido, pero los ojos intactos. Y cuando apareció para saludar, el teatro se derrumbó en lágrimas. No por lástima. Por gratitud.

Un año después, moría en su casa en París. Tenía 54 años. El sida le robó la fuerza, pero no la estampa. Su funeral fue un homenaje sin solemnidad impostada. En su tumba, pidió que se le enterrara envuelto en un kilim oriental. Porque hasta la muerte debía tener estilo.

¿cómo admirar a alguien tan insoportable? Así.

Es fácil admirar a los amables. A los humildes. A los que piden perdón por existir. Y yo lo hago. Pero Nureyev no era así. Él no pedía perdón. Pedía silencio para que todos lo miráramos. Y, sinceramente, lo conseguimos gustosos.

¿Arrogante? Por supuesto. ¿Presuntuoso? Siempre. ¿Vanidoso? Hasta la médula. ¿Inolvidable? Por encima de todo.

Mi admiración no es ingenua. Es consciente. Es crítica. Pero también es rendida. Porque a veces, cuando el arte se encarna en alguien, hay que saber arrodillarse ante lo que nos sobrepasa.

Y a mí, Rudolf Nureyev me sobrepasó desde la primera vez que lo vi flotar. Y desde entonces, no he dejado de mirarlo danzar.

ISAAC NEWTON. EL ALQUIMISTA DE LA RAZÓN, SEÑOR DE LA MANZANA Y DUEÑO DE LAS TINIEBLAS

Entre los muchos sabios que ha parido la humanidad —con dolor, hay que decirlo— pocos combinan el genio descomunal, la excentricidad furibunda y la inagotable terquedad como **Sir Isaac Newton** (1642-1727), un hombre tan extraordinariamente brillante que logró entender cómo se mueve el universo... mientras discutía con medio mundo, coqueteaba con la locura y trataba de convertir plomo en oro. Si Galileo fue el primero en mirar al cielo con ojos nuevos, Newton fue el que lo midió, lo puso en ecuaciones y, de paso, lo transformó en un reloj suizo.

Este artículo pretende repasar, con la debida mezcla de asombro, humor y rigor, la vida y la obra del padre de la física moderna, sin dejar de lado sus pequeñas manías, sus furibundos rencores y sus experimentos peligrosamente ridículos.

EL NIÑO QUE NACIÓ MUERTO (CASI)

Isaac Newton vino al mundo en **Woolsthorpe, Lincolnshire**, el 25 de diciembre de 1642, el mismo año en que murió Galileo, como si la naturaleza necesitase renovar el contrato cósmico con la inteligencia. Era tan pequeño al nacer que su madre decía que cabía en una jarra de cerveza. Su padre murió antes de que él naciera, y su madre, siempre muy ocupada en casarse de nuevo, lo dejó al cuidado de los abuelos. Newton jamás le perdonó eso. De hecho, en una lista privada de pecados escrita en su juventud, incluye la frase escalofriante: *"amenacé con quemar a mi madre y a su esposo mientras dormían"*. Así de profundo era su afecto filial.

ESTUDIANTE, PERO POR POCO

No fue un alumno prodigioso en sus primeros años. Su vida escolar oscilaba entre las peleas, las distracciones y los inventos estrafalarios. Pero cuando uno de sus compañeros lo golpeó en el patio, Newton, en lugar de buscar venganza con los puños, lo hizo con los libros. Juró ser mejor que él en todo... y lo logró. Así nació un patrón: la **venganza intelectual como motor de superación personal.**

Más tarde, ingresó al **Trinity College de Cambridge**, aunque como estudiante "subsizar", es decir, un sirviente académico que pagaba sus estudios haciendo recados. La peste bubónica de 1665 lo obligó a abandonar la universidad por un tiempo. Pero bendita peste: durante ese aislamiento, Newton vivió su *annus mirabilis*, su "año milagroso", en el que desarrolló la **ley de la gravitación universal**, el **cálculo diferencial** y **teorías fundamentales de la óptica.** En resumen, mientras el resto de Europa moría de peste, Newton resolvía el universo.

LA MANZANA Y LA LEY DE LA GRAVEDAD: VERDAD Y MITO

La anécdota más célebre de su vida es, claro, la de la **manzana que cae del árbol**. Según él mismo relató en sus últimos años, observó una manzana cayendo y eso le llevó a preguntarse por qué los cuerpos siempre caen en línea recta hacia el centro de la Tierra. ¿Por qué no en diagonal? ¿Por qué no hacia arriba, como los precios?

No hay pruebas de que le cayera una manzana en la cabeza —eso fue añadido por poetas y profesores aburridos—, pero la escena resume bien su genio: **Newton no solo veía caer cosas, sino que entendía el principio universal que las hacía caer.** De esa pregunta surgió la **ley de la gravitación universal**: todo cuerpo atrae a otro con una fuerza directamente proporcional a sus masas e inversamente proporcional al cuadrado de la distancia que los separa.

EL ÓPTICO QUE SE CEGABA A SÍ MISMO

Uno de los campos que más fascinaban a Newton era la **óptica**. Se dedicó a estudiar la luz y demostró que la luz blanca no era pura, sino que estaba compuesta por una gama de colores. Lo probó haciendo pasar un rayo de luz por un prisma y descomponiéndolo en el espectro visible. Este experimento, elegante y preciso, lo convirtió en el padre de la óptica moderna.

Pero Newton, fiel a su estilo de **científico kamikaze**, no se conformaba con mirar la luz: también quiso entenderla desde dentro. En uno de sus experimentos más infames, **introdujo una aguja de coser entre su ojo y el hueso orbital**, presionando hasta deformar el globo ocular para estudiar cómo afectaba eso a su visión. Informó que veía manchas, luces, formas... pero por poco se queda ciego. Este experimento no está en los libros de texto por una sencilla razón: **nadie más ha sido tan insensato como para replicarlo.**

EL CÁLCULO Y LA GUERRA CONTRA LEIBNIZ

Newton desarrolló de manera independiente el **cálculo diferencial e integral**, ese conjunto de herramientas matemáticas que hoy usamos para todo, desde diseñar puentes hasta entrenar algoritmos de inteligencia artificial. Pero hubo un problema: un alemán algo meticuloso y también brillante llamado **Gottfried Wilhelm Leibniz**.

Ambos afirmaron haber inventado el cálculo primero, y se desató una **guerra científica sin cuartel**. Newton, desde su posición en la Royal Society, organizó un comité para decidir quién tenía razón... ¡y escribió él mismo, en secreto, las conclusiones del informe que lo favorecía! No cabe duda: **Newton era un genio, pero también un rencoroso de campeonato.**

El conflicto con Leibniz duró años, arruinó reputaciones y retrasó la colaboración científica entre Inglaterra y el continente. Hasta el día de hoy, los matemáticos anglosajones y los continentales usan notaciones diferentes para el cálculo, como una cicatriz cultural de ese duelo ególatra.

ALQUIMISTA Y TEÓLOGO: EL LADO OSCURO DE LA MANZANA

Aunque hoy lo recordamos como el fundador de la física clásica, Newton dedicó **más tiempo a la alquimia y a la teología que a las matemáticas**. En sus papeles privados, se encuentran miles de páginas sobre la **piedra filosofal**, la **transmutación de metales** y la interpretación **criptográfica del Apocalipsis**.

Creía que Dios había escondido secretos en las Escrituras que él, como lector privilegiado, podía desentrañar. Estaba convencido de que el mundo acabaría alrededor del año 2060, aunque no por razones religiosas, sino matemáticas: todo era susceptible de ser calculado, incluso el Juicio Final.

Su obsesión por la alquimia le costó la salud: muchos biógrafos creen que sufrió de **intoxicación por mercurio**, lo cual podría explicar algunos de sus episodios de paranoia y misantropía. Aún así, jamás abandonó la idea de que la naturaleza escondía misterios que solo una mente como la suya podía revelar.

PRESIDENTE DE LA ROYAL SOCIETY Y GUARDIÁN DE LAS MONEDAS

Newton fue nombrado **presidente de la Royal Society** en 1703, cargo desde el cual dirigió los destinos de la ciencia británica durante veinticuatro años. Fue también **director de la Casa de la Moneda** en Londres, lo cual no era un cargo honorífico: **se lo tomó tan en serio como todo lo demás**.

Persiguió a los falsificadores con una tenacidad brutal. Se disfrazaba, investigaba, interrogaba testigos y, como un Sherlock Holmes de peluca blanca, **llevó a la horca a varios criminales**. Se convirtió en una especie de fiscal científico de la moneda, una combinación curiosa de físico teórico y policía financiero.

EL MISÁNTROPO CORDIAL

Pocas cosas le gustaban a Newton más que la soledad. Nunca se casó, nunca se le conoció amante ni relación romántica. Algunos han sugerido que fue célibe toda su vida. Más que afectos, cultivó enemistades: se peleó con Hooke, con Leibniz, con Flamsteed... y con cualquiera que cuestionara sus teorías. Era vengativo, desconfiado y no toleraba la crítica.

Su frase más conocida —aunque de uso irónico en su caso— es: *"Si he visto más lejos es porque estoy sobre los hombros de gigantes"*. Lo escribió en una carta a Hooke, a quien odiaba con pasión. Algunos creen que usó la expresión como burla, ya que Hooke era jorobado y de baja estatura. Newton, además de científico, sabía lanzar dardos con elegancia académica.

ÚLTIMOS AÑOS Y MUERTE

En sus últimos años, Newton era una celebridad. Fue **condecorado con el título de Sir por la reina Ana en 1705**, y su prestigio como padre del pensamiento racional era incuestionable. Murió el 20 de marzo de 1727, a los 84 años, tras sufrir problemas renales.

Fue enterrado en la **Abadía de Westminster**, como corresponde a los grandes hombres de Inglaterra. Sobre su tumba se lee: *"Aquí yace*

Isaac Newton, quien con fuerza mental casi divina exploró el curso y las figuras de los planetas". No está mal para un niño que cabía en una jarra.

LEGADO Y PARADOJAS

El legado de Newton es inmenso: sus *Principia Mathematica*, publicados en 1687, son quizás el libro más importante en la historia de la ciencia. Sus leyes del movimiento y de la gravitación universal rigieron la física durante más de dos siglos, hasta que un tal Einstein —otro misántropo glorioso— llegó con sus ecuaciones relativistas.

Pero lo más paradójico es esto: el hombre que racionalizó el cosmos era también un místico obsesionado con el fin del mundo; el matemático que fundó la ciencia moderna creía que podía convertir plomo en oro; el físico que definió la claridad pasó media vida encerrado entre sombras alquímicas.

Newton fue un hombre del Renacimiento encerrado en la modernidad: **el último de los magos y el primero de los científicos**.

EL GENIO, EL LOCO, EL ALQUIMISTA

La historia de Newton es, en última instancia, la de un **hombre que buscó el orden en el caos**. Era tan insoportable como brillante, tan solitario como genial. En un mundo plagado de dudas, él impuso leyes. Fue el legislador del universo.

Y sin embargo, como todos los grandes hombres, **fue también un abismo que miraba fijamente al abismo**. Tal vez por eso, como escribió Alexander Pope:

"Nature and Nature's laws lay hid in night;

God said, Let Newton be! and all was light."

("La Naturaleza y sus leyes yacían ocultas en la noche;

Dios dijo: ¡Que exista Newton! y se hizo la luz.")

Y después, claro, vino Einstein a apagarla y prender otra distinta. Pero esa... es otra historia.

NIKOLA TESLA. EL MAGO DE LA CORRIENTE, EL SABIO EXCÉNTRICO

En el panteón de los grandes genios de la historia, Nikola Tesla se alza como una figura rodeada de rayos, obsesiones y delirios visionarios. Fue un hombre que encarnó la frontera difusa entre la genialidad científica y la excentricidad casi mística. Inventor, ingeniero eléctrico, físico y alquimista moderno, Tesla fue también un solitario incomprendido, un romántico de la electricidad y un personaje cuyo legado oscila entre la verdad documental y la mitología de laboratorio.

Tesla no inventó la electricidad, pero la domó. Mientras Edison se empecinaba con la corriente continua, Tesla soñaba con encender el mundo a través de la corriente alterna, más eficiente, elegante y capaz de viajar distancias. Si hoy disfrutamos de una red eléctrica funcional que alimenta desde nuestros microondas hasta los quirófanos, es en gran parte gracias a él. Y sin embargo, murió pobre, en un hotel neoyorquino, alimentando palomas y escribiendo cartas a un mundo que no le entendía del todo.

PRIMEROS CHISPAZOS DE GENIALIDAD

Nikola Tesla nació en Smiljan, en el entonces Imperio austrohúngaro (hoy Croacia), en 1856. Su padre era sacerdote ortodoxo, su madre —analfabeta— una inventora doméstica de artefactos útiles. Ella, con sus manos creativas y sin formación formal, encendió la chispa del ingenio en su hijo. Tesla recordaba con precisión total libros enteros tras una sola lectura. Tenía lo que hoy llamaríamos memoria eidética. A los 17 años sufrió una fiebre que casi lo mata, y durante su convalecencia comenzó a tener visiones lumínicas y patrones geométricos. La mayoría lo habría achacado al delirio. Tesla los llamó "imágenes mentales de mis ideas futuras".

Estudió ingeniería en Graz y Praga, donde sorprendía tanto por su talento como por su desprecio a las convenciones académicas. Leía sin descanso, apenas dormía dos horas al día, y afirmaba que con el ayuno y la abstinencia sexual se mantenía lúcido y productivo. Su afán por el conocimiento era tan voraz que a veces caminaba hasta 16 kilómetros mientras memorizaba fórmulas y citas literarias. Nietzsche habría palidecido ante semejante disciplina solitaria.

DE EUROPA A EDISON

En 1884, con cuatro centavos en el bolsillo, un libro de poesía y una carta de recomendación, Tesla llegó a Nueva York. La carta iba dirigida a Thomas Edison y decía: "Conozco a dos grandes hombres, uno es usted, el otro es este joven". Edison lo contrató inmediatamente, pero la relación entre ambos fue desde el inicio una danza de malentendidos y hostilidades. Edison, pragmático y comercial, veía a Tesla como un soñador lunático. Tesla, por su parte, consideraba a Edison un chapucero sin visión científica profunda.

Una anécdota célebre cuenta que Edison le ofreció 50.000 dólares si lograba mejorar sus generadores de corriente continua. Tesla lo consiguió, pero Edison se echó atrás: "Era una broma americana", dijo. Tesla, ofendido, renunció. Para sobrevivir, trabajó como obrero cavando zanjas. Un Prometeo eléctrico rebajado a esclavo del subsuelo.

LA GUERRA DE LAS CORRIENTES

Fue George Westinghouse quien vio el verdadero potencial de Tesla. Compró sus patentes de corriente alterna y lo puso al frente de su desarrollo. Así comenzó la célebre "guerra de las corrientes" contra Edison, que defendía la corriente continua como si fuera un dogma religioso. Edison llegó al extremo de electrocutar perros y un elefante —la tristemente célebre Topsy— con corriente alterna para demostrar su peligrosidad. Tesla, por su parte, se dedicó a dar demostraciones en las que se pasaba miles de voltios por el cuerpo sin despeinarse, y encendía lámparas con solo tocarlas.

En 1893, en la Exposición Mundial de Chicago, Tesla y Westinghouse triunfaron espectacularmente iluminando la feria entera con corriente alterna. El mundo entero asistió al espectáculo de un hombre que parecía haber domesticado el rayo. Poco después, se le encargó el diseño de la central eléctrica de las cataratas del Niágara. Era el triunfo de la AC sobre la DC. Edison, derrotado, quedó relegado a la historia como un inventor de bombillas. Tesla, sin embargo, no se conformaba. La electricidad era solo el principio.

LA TORRE QUE QUISO ABRAZAR AL MUNDO

Una de las obsesiones más visionarias —y ruinosas— de Tesla fue su torre Wardenclyffe. Construida en Long Island, era un titánico emisor de energía inalámbrica. Tesla soñaba con enviar electricidad y comunicaciones sin cables a cualquier rincón del planeta. Se anticipó a la radio, al wifi, al GPS y a la telefonía móvil. Pero su idea era demasiado revolucionaria. J. P. Morgan, el magnate que financió inicialmente el proyecto, retiró su apoyo al descubrir que Tesla no planeaba monetizar la energía. "¿Dónde está el medidor?", preguntó Morgan. Tesla no tenía respuesta. O sí, pero era utópica: "La energía pertenece a todos".

Wardenclyffe fue abandonada. Tesla sufrió un colapso nervioso, y comenzó su lento declive. Su imagen de sabio loco empezó a eclipsar a la del genio eléctrico. Lo irónico es que hoy, cuando enchufamos el móvil al cargador inalámbrico, o cuando navegamos por wifi, lo hacemos sobre los sueños de aquel hombre al que el mundo tachó de desequilibrado.

EL BESTIARIO DE RAREZAS

Tesla era célibe convencido. Decía que el sexo distraía al genio. Afirmaba también que nunca tocaba perlas porque le producían asco físico. Contaba exactamente 18 servilletas en cada comida y exigía que los cubiertos brillaran hasta reflejar su rostro. Caminaba exactamente 33 veces alrededor de una manzana antes de entrar a un edificio. Calculaba el volumen de cada plato de comida antes de ingerirlo. Era, para los estándares actuales, un caso de manual de trastorno obsesivo-compulsivo. Pero entonces no existía diagnóstico, solo perplejidad.

Tenía una relación particularmente íntima con las palomas. En el Hotel New Yorker, donde vivió sus últimos años, alimentaba a docenas de ellas, pero había una blanca de ojos grises que le robó el alma. "La amaba como un hombre ama a una mujer", confesó. Afirmaba que cuando esa paloma murió, vio una luz cegadora salir de sus ojos, y en ese momento supo que su trabajo en la Tierra había concluido.

INVENTOS REALES, PROYECTOS FANTÁSTICOS

Tesla patentó más de 300 inventos: el motor de inducción, la bobina Tesla, el control remoto, las lámparas fluorescentes, el radar en potencia, y tecnologías precursoras de la resonancia magnética. Pero también soñó con otras maravillas que rozaban la alquimia: una máquina para fotografiar pensamientos, otra para comunicar con los muertos, un rayo de la muerte capaz de derribar aviones a kilómetros de distancia, un transmisor de energía mental, y una "vibración universal" que podía hacer temblar edificios enteros (esto último, lo probó y casi colapsa su laboratorio).

En 1899, en Colorado Springs, instaló un laboratorio para experimentar con rayos artificiales. Logró generar tormentas eléctricas controladas. Sus bobinas creaban arcos de luz de 40 metros. Los vecinos creyeron que había abierto una puerta al infierno. Se dice que en una de esas noches, Tesla captó señales repetitivas que creyó provenientes de Marte. Nunca descartó la vida extraterrestre y estaba convencido de que la humanidad debía prepararse para recibir mensajes del cosmos.

DECLIVE, OSTRACISMO Y RESURRECCIÓN

Durante la Gran Depresión, Tesla vivía de pensiones modestas y conferencias ocasionales. Murió en 1943, a los 86 años, en la habitación 3327 del Hotel New Yorker. A su muerte, el FBI confiscó sus papeles. Durante décadas circularon rumores de que había diseñado armas secretas o tecnologías capaces de alterar el clima. La mayoría son especulaciones sin base, pero su vida fue tan extraordinaria que hasta las leyendas parecen posibles.

Hoy, Tesla es una figura de culto. Su nombre lo lleva una de las compañías más disruptivas del siglo XXI, símbolo de innovación y energía limpia. Se le han dedicado museos, películas, monedas, sellos y novelas. Ha inspirado desde superhéroes hasta teorías conspirativas. Pero, sobre todo, se le reconoce —al fin— como el padre de nuestra era eléctrica.

UN GENIO FUERA DE TIEMPO

Nikola Tesla fue, sin lugar a dudas, un hombre del futuro perdido en el siglo XIX. Demasiado brillante para su época, demasiado ingenuo para el mundo empresarial, demasiado obstinado para aceptar límites. Murió sin fortuna, sin pareja, sin descendencia. Pero dejó una herencia invisible que atraviesa paredes, satélites y circuitos.

Es difícil saber cuánta parte de su vida fue locura y cuánta fue clarividencia. Pero como él mismo dijo: "El presente es de ustedes, pero el futuro, por el que tanto he trabajado, me pertenece". Y quizás ahí, en esa frase dicha con la calma de los profetas y la resignación de los poetas, se resuma el espíritu de uno de los hombres más fascinantes que ha tocado la faz de la Tierra. Un hombre que no quiso hacer dinero, sino magia con los electrones.

Y vaya si lo consiguió.

VOLTAIRE. DEFENSA LÚCIDA DEL ESCEPTICISMO ILUSTRADO

En la fachada de un edificio no muy alto, de color blanco, ventanas pequeñas marrones, por los Campos Elíseos parisinos, pude leer en una pequeña placa recordatoria, que en esa casa había muerto Voltaire. Me quedé impresionado. Imaginé el evento una y otra vez. Se cuenta que Voltaire murió el 30 de mayo de 1778 en París, a la edad de **83 años** (el tío supero con creces la esperanza de vida de aquellos tiempos). Su muerte fue consecuencia de una afección prostática. Los médicos de entonces intentaron aliviarlo con sangrías, cateterismos rudimentarios y opiáceos, pero sin éxito real.

Voltaire había regresado a París apenas unos meses antes, en febrero de 1778, después de casi 28 años de exilio voluntario, sobre todo en **Ferney**, cerca de la frontera suiza. Fue recibido con entusiasmo por la élite ilustrada y la alta sociedad francesa, y homenajeado en la Comédie-Française con la representación de su tragedia *Iréne*, durante la cual fue ovacionado en pie. Sin embargo, este regreso triunfal le pasó factura física.

En el lecho de muerte, hubo controversia con el clero: como era habitual, se le pidió que se reconciliara con la Iglesia católica. Voltaire, siempre irónico y anticlerical, se negó a retractarse de sus escritos críticos contra la religión organizada, especialmente contra la intolerancia y el fanatismo. Según algunos relatos, pronunció su famosa frase: «***Ahora no es el momento de hacer enemigos***», cuando le preguntaron si renunciaba a Satanás, aunque esta anécdota, muy citada, no tiene confirmación documental directa.

Fue enterrado en secreto en la abadía de Scellières, en Champagne, ya que el clero parisino había prohibido su entierro en terreno consagrado. No obstante, **en 1791**, durante la Revolución Francesa, sus restos fueron trasladados al **Panteón de París**, en una ceremonia majestuosa, como símbolo de los ideales ilustrados. Su tumba, aún hoy, lleva la inscripción: **"Poète, philosophe, historien, il fit rayonner le siècle des Lumières"**.

En la tradición ilustrada del siglo XVIII, dos figuras se erigen como columnas antagónicas de una misma arquitectura intelectual: Jean-Jacques Rousseau y François-Marie Arouet, más conocido como Voltaire. Ambos pretendieron comprender la naturaleza humana y sus vínculos con la sociedad, pero lo hicieron desde perspectivas radicalmente opuestas. Rousseau creyó en la bondad originaria del hombre y en la corrupción provocada por la vida en sociedad. Voltaire, por el contrario, consideró que el hombre nunca fue virtuoso por naturaleza, y que la sociedad no lo redime, sino que lo hace más peligrosamente estúpido, organizado, doctrinario. Si he de elegir, me inclino hacia Voltaire.

No por simple cinismo, sino porque su filosofía, aunque descarnada, me parece más afilada, honesta y útil para entender la condición humana sin adornos.

Voltaire no fue un filósofo de sistema. No construyó una ontología ni una metafísica. Fue, en cambio, un ensayista, un novelista, un panfletista brillante. Su filosofía es la del observador lúcido que desconfía de toda forma de entusiasmo ideológico. Creía en el progreso, pero no en la redención. Apostaba por la razón, pero desconfiaba de los hombres. Rechazaba la religión institucional, pero también despreciaba el sentimentalismo filosófico. Su humanismo es seco, ilustrado, escéptico. Y por ello, terriblemente contemporáneo.

CONTRA LA MITOLOGÍA DEL BUEN SALVAJE

Rousseau escribió en su *Discurso sobre el origen de la desigualdad* (1755) que el hombre era naturalmente bueno y que la sociedad lo había pervertido. Esta idea, aunque noble en intención, implicaba aceptar una visión casi mitológica del "buen salvaje", una criatura imaginaria, no contaminada por la propiedad, el artificio y la codicia. Voltaire reaccionó con sarcástica incredulidad. En una célebre carta, escribió: "Nunca he recibido más que una única copia del libro de Rousseau que demuestra que el hombre es naturalmente bueno, y al mismo tiempo me roba mis pantalones."

No se trata de una burla gratuita. En el fondo, Voltaire ataca la ingenuidad rousseauniana, su tendencia a idealizar una humanidad que nunca ha sido vista en estado puro. Para Voltaire, la naturaleza no es una arcadia perdida, sino una selva brutal. Y si el hombre no ha mejorado, al menos ha encontrado modos de civilizarse: la ley, la ciencia, la crítica, el escepticismo. Lo natural, para él, es la ignorancia, la superstición, el miedo, y la violencia. No hay un Edén perdido. Hay, con suerte, un jardín cultivado con mucho esfuerzo.

EL PENSAMIENTO COMO ARMA DEFENSIVA

Voltaire no creía que el pensamiento pudiera redimir al hombre. Pero sí podía, al menos, defenderlo de sus propios excesos. Su lucha fue contra el fanatismo, el dogma, la intolerancia. El fanático, para Voltaire, no es una excepción, sino una posibilidad muy humana. La historia lo había enseñado: guerras religiosas, inquisiciones, linchamientos. No se trata de fallos del sistema, sino de pasiones profundamente arraigadas. "Quienes pueden hacerte creer absurdos, pueden hacerte cometer atrocidades", escribió.

Por eso defendió la libertad de conciencia, no como un derecho sentimental, sino como una necesidad política. En su *Tratado sobre la tolerancia* (1763), motivado por el caso Jean Calas —un protestante injustamente ejecutado por el asesinato de su hijo, cuando en realidad fue un suicidio—, Voltaire denuncia la intolerancia religiosa como crimen legalizado. Este texto se convirtió en bandera del pensamiento ilustrado.

Pero más allá de su retórica, hay una tesis clara: si el hombre no es bueno, al menos que esté vigilado por la ley y la razón. Si la sociedad no mejora al individuo, al menos que limite sus efectos destructivos.

VOLTAIRE, EL HOMBRE INCÓMODO

La vida de Voltaire está plagada de anécdotas célebres —como su estancia en la Bastilla o su relación conflictiva con Federico el Grande—, pero algunas menos conocidas revelan aún más su carácter implacable. Una, casi olvidada, ocurrió durante su estancia en Inglaterra, donde encontró refugio entre 1726 y 1729 tras ser exiliado de Francia. Allí quedó fascinado con el sistema parlamentario y con la tolerancia religiosa. Pero también protagonizó una escena peculiar: fue expulsado de un club londinense por negarse a brindar por el rey Jorge I. Alegó que brindar por un monarca era una forma de idolatría. *"Brindaré por Newton o Locke, pero no por el azar de la sangre"*, sentenció.

En otra ocasión, en Ginebra, ciudad que visitó antes de establecerse en Ferney, organizó funciones teatrales en su casa porque el consistorio calvinista prohibía el teatro. Las funciones se hacían en secreto, hasta que un vecino lo denunció. Voltaire escribió una carta falsa haciéndose pasar por un noble alemán que había quedado encantado con la pieza.

Envió la carta al consistorio. Cuando los magistrados se vieron halagados por el visitante extranjero, retiraron la queja. Astuto, sí. Pero también revelador de su método: la ironía al servicio de la razón.

Y no puede pasarse por alto su extraña relación con Catherine Olga, una campesina de Saboya. Voltaire la empleó como criada, pero le enseñó a leer y escribir, le pagó una dote, y la casó con un administrador de Ferney. Algunos estudiosos creen que esta mujer inspiró el personaje de Paquette en *Cándido*. Más allá del dato anecdótico, muestra que Voltaire no sólo predicaba la civilización; también la practicaba.

CÁNDIDO COMO REFUTACIÓN SISTEMÁTICA DEL OPTIMISMO

En *Cándido* (1759), su novela más famosa, Voltaire destruye la idea leibniziana de que "todo sucede para bien". El protagonista, educado en el optimismo filosófico, recorre un mundo repleto de injusticia, violencia y absurdo: desde la Inquisición portuguesa hasta el terremoto de Lisboa, pasando por la esclavitud en América y la guerra en Europa. Cada experiencia es una prueba contra la teoría. El mundo no es racional ni moral. Es, en el mejor de los casos, soportable. La conclusión no es mística ni heroica: "Debemos cultivar nuestro jardín."

Esta metáfora final resume la ética voltairiana: no cambiar el mundo, sino trabajar sobre lo inmediato. No ilusionarse con la bondad del hombre, sino crear condiciones para limitar su idiotez. No adorar ideales, sino construir prácticas. No mirar al cielo, sino remover la tierra.

LA DESCONFIANZA HACIA EL PUEBLO

Rousseau glorificó la voluntad general, ese concepto vaporoso que justificó más de una guillotina en la Revolución. Voltaire, en cambio, desconfiaba del pueblo tanto como del rey. "La multitud es peligrosa cuando obedece y cuando se rebela", decía. Esta desconfianza lo aleja del pensamiento democrático moderno, pero también lo blinda frente a los totalitarismos que vendrían después. Para Voltaire, no se trata de que el pueblo tome el poder, sino de que el poder, quienquiera que lo ejerza, esté limitado.

Esa actitud se expresa en su relación con la Revolución Francesa. Aunque murió antes de su estallido, su busto fue colocado en la Asamblea Nacional en 1791. Pero en los años del Terror, su obra fue leída con cautela: su crítica al fanatismo se volvió incómoda para quienes defendían la virtud a golpe de guillotina. Voltaire había advertido que las ideas puras eran las más peligrosas cuando se imponían sin ironía. Y los jacobinos, como los inquisidores que él combatió, carecían de sentido del humor.

¿POR QUÉ PREFERIR A VOLTAIRE?

Mi inclinación hacia Voltaire no es por simpatía —era un hombre orgulloso, vanidoso, y a veces despiadado—, sino por su capacidad para decir lo que uno teme pensar: que la humanidad no merece demasiada confianza. Su filosofía no ofrece consuelo, pero sí claridad. Es una filosofía sin ilusiones, sin romanticismo, sin promesas de redención.

Pero es también una filosofía activa, comprometida, profundamente ética. En lugar de idealizar al hombre, lo estudia; en lugar de confiar en él, lo vigila.

Frente a la mitología rousseauniana del regreso a la naturaleza, Voltaire propone avanzar hacia la razón. Frente al sentimentalismo, la ironía. Frente al dogma, la risa. Su desconfianza no paraliza; al contrario, moviliza una forma más lúcida de actuar. Y en tiempos de confusión, eso es más necesario que nunca.

CIVILIZAR AL BÁRBARO QUE LLEVAMOS DENTRO

Voltaire no creyó nunca que el hombre fuera bueno por naturaleza. Pero tampoco aceptó que no se pudiera hacer nada con él. En su visión, la civilización es un ejercicio constante de corrección, de contención, de vigilancia. No es la sociedad la que corrompe al individuo, sino que es el individuo el que necesita una sociedad civilizada para no devorarse a sí mismo. Las leyes, la crítica, la ciencia, el teatro, la prensa, la educación: todo eso son formas de sujetar al bárbaro que llevamos dentro. No para hacerlo virtuoso, sino para hacerlo menos dañino.

Rousseau apostó por el retorno. Voltaire, por la construcción. Y aunque la obra de Voltaire carece del fulgor místico de su rival, posee algo más raro: una resistencia al autoengaño. Tal vez por eso sigue siendo más difícil de refutar que de aplaudir.

Y tal vez por eso lo prefiero. Fue y será siempre uno de "mis" gigantes.

ORIANA FALLACI (IN MEMORIAM)

Jamás te conocí en persona. Hasta los quince, no sabía ni quién eras, ni qué hacías por esta tierra de Dios.

Sí. Fue sobre los catorce o quince años. En Galicia, en A Coruña, en **San Antonio de la Barqueira**, en Cerdido.

Mi prima **Gelis** – a quien no conocía de antes – y yo hicimos muy buenas migas. Era unos cinco o seis años mayor que yo.

Yo estaba en la etapa filosófica y rebelde que todos hemos tenido de alguna u otra manera. Hablábamos todos los días dando paseos largos y tranquilos por toda vía pedregosa, abrazada por los verdes más verdaderos que jamás veré en ningún otro sitio, ni siquiera los verdes de Irlanda.

Hablábamos cogidos de la mano (yo era como su hermano pequeño, supongo), de filosofía, de moral, de lo humano y de lo divino, en el que no creíamos .

Íbamos siempre solos, excepto cuando mi primita, **María José Breijo**, no se venía con nosotros abrazada constantemente a mi pierna izquierda, o derecha. Le daba igual siempre que estuviese con su primo extranjero de esas tierras. Me adoraba. Y yo a ella, ¡tan pequeña, tan preciosa!.

En uno de sus espontáneos arrebatos, papá, nos dijo —al chofer y a mí— que nos preparásemos porque mañana, tempranito, volvíamos al pueblo. Él era así. No había Dios que le contradijese y consiguiese su cambio de criterio si el ya lo había decidido.

Claro que, tuvo su pequeño castigo: después de la típica mariscada familiar en **Cedeira,** el viaje de vuelta fue de parada cada cincuenta kilómetros (o menos) a que papá pudiera evacuar sus dañados intestinos percebeiros. Y yo potando atrás, del aire contaminado por los doce puros Farias que acostumbraba a fumar con las ventanas subidas.

Esa tarde, con llovizna (en Galicia, *«la lluvia es arte, y el sol poesía»),* **Gelis** y yo aprovechamos el tiempo que faltaba con nuestro paseo diario.

Yo creo que, estaba algo enamorado de **Gelis**. No lo sé. Lo que sé de muy buena tinta, es que la admiraba y la admiro de una manera tremenda.

Como gran sorpresa para mí, me regaló un libro,dedicado por ella y que conservo en lugar privilegiado de mi siempre corta biblioteca.

El libro se titulaba «**Nada y así sea**». La autora, una tal **Oriana Fallaci**.

Ni me sonaba. Y eso que un servidor ya bebía los placeres de la lectura, aunque no fuesen los que me imponía leer la profesora de literatura, **María Ángeles,** que era feísima y que también me enamoré de ella (me da la impresión de que, en aquellos tiempos, debía de ser demasiado enamoradizo). Esta profesora era fanática de **Pablo Neruda**.

Nada más llegar al pueblo – 12 horas de reloj, en coche. **Ponferrada** parecía el pueblo más lejano en el que había estado, claro que las carreteras no eran como ahora; bueno, digo yo, porque desde ese viaje, no he vuelto a Galicia nunca más en coche: **Compostela**, alquiler de coche, y a recorrer paisaje y visitar familia, que era larga... pero larga (tener papá **David** diecinueve hermanos, es lo que tiene)...; nada más llegar al mi pueblo, me puse a leer el libro. No pude parar su lectura.

Creo que no tardé no ni tres días en leerme las cuatrocientas y pico de páginas. Me lo releí. Me lo volví a releer. ¡Qué gozada!

Como una liturgia, releo el libro de **Gelis** todos los veranos después de leer « **Sin noticias de Gurb** » de **Eduardo Mendoza**. (a pesar del puñetero Streaming).

A raíz de la lectura, fue el primer disgusto gordo con papá, porque lo que yo quería en la vida era ir a Vietnam. A ayudar en lo que buenamente pudiera. Y eso era poco seguro.

Amé Vietnam. Al Vietcong (los Charlie, que siempre llevaban un cuadernillo escondido para escribir poesías)

Y amé eternamente a **Oriana Fallaci,** quien para colmo, nació un veintinueve de junio de 1929 – Cáncer – en la ciudad que más amo del mi mundo conocido – que es amplio –:**Florencia**. Dónde me gustaría partir a los caprichos del **Arno**.

Como pueden imaginar, me leí toda la obra de **Oriana** hasta esos tiempos.

Y hasta los póstumos («**Un sombrero lleno de cerezas**».

Después, hasta su muerte, por un cáncer de pulmón tabáquico, o eso dicen, sí que compré y leí absolutamente toda su obra. Visité todos los sitios de Florencia donde esa mujer hubiera podido tomar un café o tres cubatas.

Bien. Pues la otra noche, oyendo mis podcats favoritos para dormir – siempre duermo con radios, si es que quiero dormir plácidamente- puse " *Documentos de RNE",* y un podcats que titularon " *El periodismo combativo de Oriana Fallaci".* Y, claro, me puse de los nervios.

La catalogan, físicamente, de una pequeña mujer. No llegaba a los 150 centímetros ni a cuarenta kilogramos de peso. O sea, una pequeñaja, que seguro no me hubiese movido a darme la vuelta si la viera por la calle.

Pero con una agallas que muchos de sus colegas quisieran. La catalogan de altiva y arrogante para sus compañeros. Y no dicen nada de que era, sencillamente la mejor corresponsal de guerra de todos sus compañeros. Y , ya saben que la envidia es el pecado capital de todo humano, no sólo de España.

En « **Nada y así sea** » describe de forma poética, toda una guerra de Vietnam – primer fracaso de combate de los estadounidense –.

En «**Entrevista con la Historia** », **Arafat** (escribe que tenía una halitosis que tiraba para atrás), o **Kissinger** – entre otros muchos – pensarían lo bueno que habría sido no concederle la entrevista.

¡Pero era Oriana;! Y no conceder una entrevista a Oriana era, poco menos, que síntoma de cobardía. **Nguyen Van Thieu,** (general presidente de Vietnam del Sur) salió escaldado: el tío pedía al lacayo, un whisky cada dos por tres; y preguntaba a Oriana si ella quería algo: *Un té por favor, decía ella.* Y solo traían whisky – se zampo mas de cinco el hombre – mientras que Oriana no tomó ni agua. El tiparraco sin reprender al lacayo por el feo a Oriana.

En el mismo libro cuenta los disparos que recibió en la protesta estudiantil de la **"Plaza de las tres culturas",** del Mexico de **Diaz Ordaz.**

Lo dicho, **Oriana Fallaci** me marcó. Me dejó estupefacto. Y estaré eternamente enamorado de ella – vean su cara en las contraportadas, y ya me dirán - por muy pequeñaja y canija que pudiera ser (ya dije que no llegué a conocerla).

Su último libro lo tituló «**Un hombre**», enteramente dedicado a Alekos Panagoulis, héroe de la resistencia contra la dictadura de *"Los Coroneles",d*e Grecia.

Con quien tuvo una larga y tortuosa relación amor-odio hasta que "Los Coroneles" se lo cepillaron en un supuesto accidente de coche.

El tío le pegaba de hostias a Oriana un día sí y el otro tal vez no. Tuvo un embarazo del tal Alekos y tuvo que abortar (o quizá abortó por las palizas que le arreaba el griego).

Oriana escribió un libro sobre el tema « **Carta a un niño que no llegó a nacer**».

Era una especie de *defensora feroz de los derechos de la mujer, y detestaba y ninguneaba a las que se denominaban "feministas".* No, no era ninguna paradoja...¡Piénsenlo!

Oriana Fallaci no se perdía una guerra, le resultaban adictivas – ¡qué manía con llamarle "conflicto" para intentar suavizarlo un poco! – : Vietnam; Líbano; Irak, Irán, Israel...

Su último libro estando viva fue « **Un Hombre** » – ya citado.

Su libro póstumo fue «**Un sombrero lleno de cerezas** », una especie de autobiografía, más que unas Memorias.

En un sentido, en el otro y en el de la remanguillé, siempre estaré enamorado de esa mujer que no necesita priorismos ni gentilicios. Solamente **Oriana Fallaci.**

Mi verdadero amor eternamente amado, amando amarla siempre (parafraseando al Sabina).

P.S.– Tenía que escribir sobre esa mujer. Mi amantísima heroína.¡Hecho!

Guste a quién guste.

EL POETA DE LA DEMOCRACIA Y LA CELEBRA-CIÓN DE LA VIDA. WALT WHITMAN

En la encrucijada de la literatura norteamericana, donde el susurro de la libertad se entrelaza con la vastedad del ser, se alza la figura monumental de Walt Whitman. Poeta, ensayista y humanista, cuya obra resuena como un eco en los corazones de aquellos que anhelan comprender la esencia de la vida misma.

Su pluma, como un pincel vibrante, trazó imágenes de la experiencia humana, capturando en sus versos la complejidad de la existencia, la belleza de la naturaleza y la lucha por la libertad.

SINOPSIS DE SU VIDA

Nacido el 31 de mayo de 1819 en West Hills, Nueva York, Walt Whitman fue el segundo de nueve hijos en una familia de ascendencia holandesa y británica.

Desde sus primeros años, mostró un amor insaciable por la lectura. La literatura fue su refugio, su forma de escapar de las limitaciones de una vida que, desde el principio, se definió por la humildad.

A los once años, dejó la escuela para trabajar en diferentes oficios, desde aprendiz de imprenta hasta maestro de escuela.

Esta diversidad de experiencias moldeó su visión del mundo, haciéndolo un observador agudo de la vida en sus múltiples facetas.

La vida de Whitman estuvo marcada por la búsqueda constante de la verdad y la belleza. En 1855, publicó su obra más famosa, "Leaves of Grass" ("Hojas de hierba"), un compendio de poemas que celebran la individualidad, la naturaleza y la conexión humana. El libro, que comenzó como una colección pequeña y poco convencional, fue reeditado y expandido a lo largo de su vida, reflejando su crecimiento personal y artístico. En sus páginas, Whitman se erige como un maestro del verso libre, rompiendo con las tradiciones poéticas de su tiempo y abriendo camino a nuevas formas de expresión.

LA ESENCIA DE SU OBRA

La obra de Whitman no se limita a la poesía; es una apología a la vida misma. En sus versos, encontramos la celebración del cuerpo, la espiritualidad y la democracia. "Yo canto a mí mismo", comienza uno de sus poemas más emblemáticos, y en este simple acto de autodefinición, encapsula la esencia de su filosofía: la afirmación de la individualidad como parte de un todo más grande.

Su poesía es un espejo que refleja la humanidad en toda su diversidad. Habla de amor, de la soledad, de la muerte, de la guerra y de la paz. En un tiempo de divisiones y conflictos, Whitman se erige como un puente, uniendo las experiencias de hombres y mujeres de todas las clases y orígenes. Su visión democratizadora resuena en sus versos: "El hombre es un poema que se está escribiendo a sí mismo". Esta idea de que cada vida es una estrofa en el gran poema de la existencia es uno de los legados más poderosos que nos deja.

ANECDOTARIO

La vida de Walt Whitman está salpicada de anécdotas que revelan su carácter singular y su profundo compromiso con la humanidad. Uno de los episodios más significativos ocurrió durante la Guerra Civil Americana. Al enterarse de las atrocidades y el sufrimiento de los soldados en los campos de batalla, Whitman se trasladó a Washington D.C. para ofrecer su ayuda. Allí, trabajó como enfermero, cuidando a los heridos y escribiendo cartas para aquellos que no podían comunicarse con sus seres queridos. Esta experiencia transformadora no solo profundizó su compasión, sino que también inspiró muchos de sus poemas más conmovedores, que abordan el dolor y la pérdida.

En una ocasión, se cuenta que, mientras estaba de visita en un hospital militar, se encontró con un joven soldado que lo reconoció. "¿Eres tú el poeta?", preguntó el soldado, con un brillo de esperanza en sus ojos. Whitman, con su característica humildad, respondió: "Soy simplemente un hombre que intenta capturar la belleza de la vida en palabras". Este encuentro encapsula la esencia de su humildad y su deseo de conectar con el sufrimiento humano.

Otra anécdota reveladora tiene que ver con su relación con la crítica. Aunque su obra fue inicialmente rechazada por muchos críticos de su tiempo, que la consideraban vulgar o inapropiada, Whitman nunca se dejó desanimar. En una carta a un amigo, escribió: "La crítica es el precio que pago por ser verdadero". Esta convicción lo llevó a seguir adelante, a reescribir su obra y a continuar compartiendo su visión, a pesar de la adversidad. Su perseverancia se convirtió en un testimonio del poder de la autenticidad.

LA INFLUENCIA DE WHITMAN EN LA LITERATURA

El legado de Walt Whitman se extiende mucho más allá de su propia época. Su influencia ha permeado las corrientes literarias del siglo XX y XXI, inspirando a poetas y escritores a explorar nuevas formas de autoexpresión. Desde la Generación Beat hasta la poesía contemporánea, su espíritu de libertad y su amor por la vida han dejado una huella indeleble.

Poetas como Allen Ginsberg y Lawrence Ferlinghetti han citado a Whitman como una de sus mayores influencias. Ginsberg, en particular, encontró en "Hojas de hierba" un faro de esperanza en un mundo caótico. En su obra, "Howl", se puede sentir el eco de la voz de Whitman, resonando en la libertad de ser uno mismo y en la lucha por la justicia social.

Además, su estilo de verso libre ha revolucionado la poesía. Whitman rompió con las convenciones métricas y rítmicas de su tiempo, liberando a la poesía de las cadenas de la forma tradicional. Este acto de liberación ha permitido a las generaciones posteriores experimentar con nuevas estructuras y contenidos, dando lugar a una poesía más inclusiva y diversa.

REFLEXIONES SOBRE EL HOMBRE Y SU ÉPOCA

Walt Whitman fue un hombre de su tiempo, pero su visión trascendió las limitaciones de su época. Vivió en un país en transformación, donde la lucha por los derechos civiles y la igualdad estaban en el centro del debate nacional. En su poesía, aborda temas universales que siguen siendo relevantes hoy: la búsqueda de la identidad, la lucha por la libertad y la conexión con los demás.

En un mundo que a menudo se siente dividido y fragmentado, la voz de Whitman resuena como un llamado a la unidad. Su mensaje sobre la importancia de la empatía y la comprensión mutua es más crucial que nunca. En sus versos, encontramos un recordatorio de que, a pesar de nuestras diferencias, todos compartimos una humanidad común. "Soy grande, contengo multitudes", escribe, y en esta afirmación se encuentra la esencia de su visión inclusiva.

LA MUERTE Y EL LEGADO

Walt Whitman falleció el 26 de marzo de 1892, dejando un legado que sigue vivo en la literatura y en los corazones de quienes buscan la verdad a través de la palabra. Su obra continúa siendo un faro de esperanza y autenticidad, un testimonio del poder de la poesía para transformar vidas.

A lo largo de su vida, Whitman se esforzó por capturar la belleza de la experiencia humana, y su legado perdura como un recordatorio de que, a pesar de los desafíos, siempre hay espacio para la celebración, la conexión y la libertad. En un mundo donde la incertidumbre a menudo nos rodea, la voz de Whitman sigue siendo un refugio, un espacio donde podemos encontrar consuelo y comprensión.

Walt Whitman, el poeta de la democracia, el celebrador de la vida, nos dejó un regalo invaluable: su poesía. A través de sus versos, nos invita a explorar nuestra propia humanidad, a abrazar nuestras multitudes y a encontrar belleza en la diversidad. Su vida, marcada por la búsqueda de la verdad y la conexión con los demás, es un testimonio de lo que significa ser verdaderamente humano. En cada palabra, en cada estrofa, resuena su espíritu indomable, recordándonos que la poesía no es solo una forma de arte, sino una forma de vida.

Así, en la vastedad de su obra, encontramos no solo un poeta, sino un amigo que nos acompaña en la travesía de la existencia.

¡Oh capitán! ¡Mi capitán!

ECOS DE LA OSCURIDAD: LA VIDA Y OBRA DE EDGAR ALLAN POE

En el umbral de la penumbra, donde las sombras susurran secretos y los ecos de almas perdidas flotan en el aire, se erige la figura inquietante de Edgar Allan Poe. Nacido en un frío día de enero de 1809, en Boston, Massachusetts, Poe no fue solo un hombre de letras, sino un arquitecto de la angustia, un maestro del horror que, con su pluma afilada, desnudó los miedos más profundos del ser humano. Su vida, tan trágica como sus relatos, se despliega como un tapiz de sombras y luces, donde la genialidad y la locura danzan en un vals eterno.

Desde sus primeros años, la existencia de Poe estuvo marcada por la pérdida. Huérfano de padre antes de nacer, y de madre a la tierna edad de tres años, sus primeros recuerdos son ecos de la ausencia. Adoptado por la familia Allan, su infancia fue un laberinto de amor y desamor, donde la figura paterna se convirtió en un espectro que lo perseguiría a lo largo de su vida. La relación con John Allan, su adoptivo, era un terreno minado; a pesar de la educación privilegiada que le brindó, la frialdad y las expectativas no cumplidas lo empujaron hacia la búsqueda de su propia voz, una voz que resonaría en las más oscuras cavernas del alma humana.

En su juventud, Poe se sumergió en el mundo de las letras, eligiendo la poesía como su primera forma de expresión. En 1827, publicó su primer libro, "Tamerlán y otros poemas", un título que reflejaba la ambición de un joven que ansiaba ser reconocido.

Sin embargo, el eco de su obra fue apenas un susurro en un mar de indiferencia. Fue en la poesía donde encontró consuelo, y también en el amor, cuando conoció a Virginia Clemm, su prima, a quien se unió en matrimonio en 1836. Ella se convirtió en su musa, su luz en la oscuridad, pero también en el objeto de su más profundo temor: la muerte. La fragilidad de Virginia, que sufriría de tuberculosis, se convirtió en una sombra que se cernía sobre Poe, una sombra que un día lo consumiría por completo.

La obra de Poe es un viaje por los laberintos del terror y la locura.

"El cuervo", quizás su poema más célebre, es un canto a la desesperación y al lamento. La voz del narrador, atrapada entre la memoria de un amor perdido y la presencia ominosa de un cuervo que repite "nunca más", se convierte en un símbolo de la obsesión y el desasosiego. Es en esta obra donde Poe logra capturar la esencia del sufrimiento humano, un sufrimiento que se siente tan cercano, tan visceral.

Pero más allá de la poesía, Poe también se aventuró en el relato corto, donde su aguda percepción de la oscuridad interna del ser humano encontró un nuevo terreno fértil. "El corazón delator", "La caída de la casa Usher" y "El gato negro" son solo algunas de las narraciones que exploran la locura, la culpa y la muerte. En cada página, la atmósfera se torna densa, el aire se carga de una tensión palpable. Poe, con su prosa poética, logra que el lector sienta el frío de la soledad y el peso de la culpa, convirtiendo lo cotidiano en algo aterrador.

Uno de los aspectos más intrigantes de la vida de Poe son las anécdotas que rodean su figura. Su obsesión por lo macabro y lo misterioso no era solo un tema de sus escritos, sino que permeaba su vida diaria. Se dice que disfrutaba de la compañía de los gatos, y que, en sus momentos más oscuros, encontraba en ellos un reflejo de su propia inquietud. El gato negro de su famosa historia, que se convierte en un símbolo de la culpa y la locura, puede haber sido inspirado por su propia relación con estos felinos enigmáticos.

En una ocasión, se cuenta que Poe, en un estado de embriaguez, fue encontrado vagando por las calles de Baltimore, desorientado y perdido. Fue en este estado que se encontró con su destino, en una noche de octubre de 1849, cuando su cuerpo fue hallado en un estado de confusión y descomposición. Las circunstancias de su muerte son tan misteriosas como sus relatos; algunos hablan de fiebre, otros de alcoholismo, y otros de un oscuro complot que lo llevó a ese final trágico. Sin embargo, lo que perdura es su legado, un legado que se niega a desvanecerse en la bruma del tiempo.

La influencia de Poe en la literatura y en el arte es innegable. Su estilo único, su capacidad para explorar lo siniestro, ha inspirado a generaciones de escritores y artistas. Desde H.P. Lovecraft hasta Stephen King, la sombra de Poe se extiende a lo largo de la historia de la literatura de terror.

El cine, la música y las artes visuales han encontrado en su obra una fuente inagotable de inspiración, recreando sus mundos oscuros y sus inquietantes personajes. La estética gótica que permea su obra ha dejado una huella imborrable, convirtiéndolo en un ícono de lo macabro. A medida que el tiempo avanza, el legado de Edgar Allan Poe se mantiene vivo, resonando en las mentes de aquellos que se atreven a explorar los rincones más oscuros de la existencia. Su vida, marcada por la tragedia y la genialidad, se convierte en un recordatorio de que la oscuridad no solo habita en las páginas de sus historias, sino también en los recovecos del alma humana.

La lucha entre la luz y la sombra, entre la locura y la razón, encuentra en Poe un espejo donde contemplar nuestras propias inquietudes.

En sus relatos, la muerte no es un final, sino un susurro constante, un eco que se repite en cada esquina. La obsesión por lo efímero, el miedo a lo desconocido, la angustia de la pérdida; todo ello se entrelaza en un tejido narrativo que invita a los lectores a sumergirse en sus abismos.

La vida de Poe, marcada por la tragedia y el desasosiego, se convierte en un reflejo de nuestra propia existencia, donde la línea entre la cordura y la locura es a menudo difusa.

Así, en cada palabra escrita, en cada verso recitado, la figura de Edgar Allan Poe se alza como un faro en la oscuridad. Su obra, un canto a lo siniestro y lo sublime, invita a los lectores a explorar sus propios miedos, a enfrentarse a sus demonios y a encontrar belleza en lo macabro. En el eco de su voz, en la penumbra de sus relatos, encontramos la esencia de lo humano: el deseo de entender la vida, la muerte y todo lo que habita entre ambos.

En el crepúsculo de su existencia, Poe nos dejó una lección invaluable: que la oscuridad, lejos de ser un abismo aterrador, puede ser un lugar de reflexión, de descubrimiento y, sobre todo, de creación. En sus páginas, la muerte se convierte en una compañera, un recordatorio de que, al final, todos somos parte de una misma narrativa, una historia que trasciende el tiempo y el espacio, donde la vida y la muerte se entrelazan en un eterno abrazo.

Así, en el legado de Edgar Allan Poe, encontramos no solo el eco de su angustia, sino también la luz tenue de su genialidad, una luz que brilla en la penumbra, guiándonos hacia los secretos que yacen en las profundidades de nuestra propia existencia.

Su vida, una obra maestra de lo trágico y lo sublime, nos recuerda que, en la búsqueda de la verdad, siempre habrá sombras que explorar, y en el oscuro laberinto de la mente humana, siempre habrá algo que descubrir. ¡Siempre!

UN VIAJE A TRAVÉS DE VERSOS Y SOMBRAS. EL ECO DE NERUDA

En la penumbra de un aula polvorienta, donde el aire parecía estar impregnado de los ecos de las palabras, se gestaba un mundo que se desbordaba más allá de las páginas de un libro. Allí estaba ella, la profesora de literatura, frágil como un susurro, pero con una voz que resonaba como el trueno en mi pecho. Su figura menuda y sus gestos torpes no podían ocultar la grandeza de su materia, de su pasión por los versos que danzaban en la penumbra. Era una mujer de contrastes, una amalgama de lo grotesco y lo sublime: *"Es tan corto el amor y es tan largo el olvido!,* era su verso inacabable. Aquel día, cuando le pregunté qué significaba "aversión", su respuesta fue un golpe de humor ácido: "lo que tú me das a mí". Pero, en el fondo, su mirada destilaba un amor secreto por la poesía, un amor que yo empezaba a descubrir.

Así fue como Pablo Neruda entró en mis venas, como un veneno dulce que se desliza por la sangre, transformando todo lo que toca. Su poesía, cargada de sensaciones e imágenes que evocan tanto la belleza como la oscuridad, se convirtió en un refugio, un laberinto donde perderse y encontrarse al mismo tiempo. Neruda, el poeta de los amantes y de los exiliados, de la tierra y del mar, me enseñó que la vida es un juego de luces y sombras, un canto desgarrador que resuena en el silencio de la noche.

Nacido el 12 de julio de 1904 en Parral, Chile, Neruda vivió en un mundo que, desde sus inicios, parecía destinado a ser un escenario de contrastes. Su infancia, marcada por la presencia de un padre severo y una madre que partió demasiado pronto, le enseñó el dolor y la pérdida, pero también el poder de la palabra. Desde joven, se entregó a la poesía como quien se entrega a un amante; cada verso era un suspiro, cada rima, un latido. En su adolescencia, Neruda comenzó a publicar, dejando que su voz fluyera como un río desbordado, llenando los espacios vacíos de su alma.

Su primera obra, "Veinte poemas de amor y una canción desesperada", publicada en 1924, se convirtió en un grito de amor y desamor que resonó en los corazones de millones. La intensidad de sus palabras, su capacidad para captar la esencia de la pasión y la melancolía, era como un fuego que ardía en la oscuridad. Los amantes se encontraron en sus versos, y los solitarios hallaron consuelo en su soledad compartida. Como un eco lejano, su poesía hablaba de la experiencia humana, de la búsqueda interminable de conexión, de la lucha por encontrar luz en medio de la penumbra.

Pero Neruda no era solo un poeta de amores perdidos; era también un hombre de compromiso. Su vida estuvo marcada por la política y la lucha social. Él, que había sentido el frío del exilio y la amarga soledad del destierro, se convirtió en voz de los desposeídos. Su obra "Canto general" es un canto a la tierra, a los pueblos de América Latina, a la historia que se despliega como un tapiz de colores y sombras. En estas páginas, Neruda no solo narra la historia de su país, sino la historia de un continente que lucha por ser escuchado.

Cada palabra de Neruda es un susurro que nos recuerda nuestra fragilidad, nuestro deseo de pertenencia. En su poema "Puedo escribir los versos más tristes esta noche", el dolor se convierte en belleza. La tristeza se transforma en una celebración del amor perdido, en un homenaje a lo que fue y ya no será. En sus versos, la naturaleza se entrelaza con la emoción humana, creando un paisaje donde la luna y las estrellas son testigos de nuestras pasiones y desventuras.

A medida que me sumergía en sus letras, me encontraba atrapado en un torbellino de emociones. La profesora, con su peculiar sentido del humor, había sido la llave que abrió la puerta a este universo. Años después, recordaría aquella escena: ella, con su mirada afilada, recitando versos como un encantamiento. Me enseñó a amar la poesía en su estado más puro, a ver más allá de las palabras y descubrir la oscuridad que acecha en cada rincón.

A pesar de su exilio y de las sombras que lo acompañaron, Neruda nunca perdió su esencia. Su vida estuvo marcada por anécdotas que parecen salidas de un cuento de hadas, pero también de un relato tenebroso. La historia de su amistad con el escritor chileno Vicente Huidobro, por ejemplo, se asemeja a un duelo lírico; dos titanes de la poesía que se retan en una danza de palabras, donde cada verso es una espada lista para herir. La rivalidad entre ambos fue intensa, pero también llena de admiración, como si el fuego de sus diferencias alimentara la llama de la creación.

Y luego está el episodio de su encuentro con el gran amor de su vida, Matilde Urrutia, una mujer que se convirtió en su musa y en su compañera. Su relación fue un torbellino de pasión y dolor, un amor que floreció en medio de la agitación política y la tristeza. Neruda, que había amado y perdido, encontró en Matilde una razón para seguir escribiendo, para seguir amando. A menudo, sus cartas se llenaban de ternura, pero también de un tono melancólico que resonaba con la intensidad de sus poemas.

La historia narra que, en uno de sus momentos más oscuros, Neruda decidió abandonar su hogar y buscar refugio en la casa de su amigo, el artista chileno Pablo Picasso. Allí, entre risas y versos compartidos, Neruda se dejó llevar por el arte y la amistad. Sin embargo, el destino tenía otros planes. La sombra del exilio lo acechaba, y la política lo empujaba a la oscuridad. En este vaivén de luces y sombras, la poesía se convirtió en su salvación, en su única certeza.

La vida de Neruda estuvo marcada por la muerte, pero también por la celebración de la vida. Su obra póstuma, "Los poemas de la tierra", es un testamento de su amor por el mundo, un canto a la naturaleza que lo rodeaba. En estos versos, la tierra se convierte en un personaje, en un ser vivo que respira y siente. Cada palabra es un susurro que nos invita a escuchar el latido de nuestro planeta, a conectarnos con la esencia misma de la vida.

Hoy, mientras recorro las calles de Santiago, siento la presencia de Neruda en cada rincón. Su legado perdura en las paredes de La Chascona, su casa en la capital chilena, donde los ecos de sus risas y sus versos aún resuenan. Cada habitación es un testimonio de su vida, un recordatorio de que la poesía puede trascender el tiempo y el espacio, convirtiéndose en un refugio para aquellos que buscan respuestas en un mundo caótico.

La vida es un juego de luces y sombras, un laberinto donde cada uno de nosotros busca su camino. La poesía de Neruda nos recuerda que, aunque el dolor y la tristeza pueden ser inevitables, también hay belleza en la lucha, hay esperanza en el amor. Su voz es un faro que guía a los perdidos, un susurro que nos invita a recordar que, en cada latido, hay un poema esperando a ser escrito.

Y así, en la penumbra de aquel aula, donde la profesora menuda y maleducada me enseñó a amar la poesía, descubrí que la vida, con todas sus complejidades y contradicciones, es la mayor obra de arte que podemos vivir. La aversión y la pasión, la tristeza y la alegría, todo se entrelaza en una danza eterna. La poesía de Neruda, como un canto sagrado, nos invita a ser partícipes de esta celebración, a encontrar la luz en las sombras y a dejar que las palabras fluyan, como un río desbordado, en nuestras venas.

JOAN MANUEL SERRAT: EL TROVADOR QUE CAMINA A MI LADO

Hay encuentros que no caben en la estadística del destino. Hay momentos que se quedan a vivir en un rincón tibio del alma, donde se cuelan apenas con una canción o una mirada franca. Así fue el día que conocí a **Joan Manuel Serrat.**, agazapado en el asiento de un coche para evitar ser visto e hincharse a dar autógrafos, después de un concierto. No sabría decir si fue más un descubrimiento que un encuentro, porque a Serrat, de alguna manera, uno lo conoce mucho antes de darle la mano. Honesto es decir que fue Lola quién lo consiguió.

Ya nos ha dicho cosas que no sabíamos cómo decir, ya ha tejido nuestras emociones con palabras suyas, ya ha puesto música a escenas que creíamos solo nuestras. Él ya nos habitaba.

Yo, que he pasado mi vida auscultando corazones ajenos, tengo que confesar que el mío latió distinto cuando me lo encontré cara a cara. No era solo el artista, el cantautor, el trovador de generaciones; era el hombre. Con esa sonrisa un poco irónica, un poco sabia, y esos ojos que miran con la ternura de quien ha vivido intensamente, pero sin perder la fe en la gente. Desde ese instante, nos entendimos con la naturalidad de los que no necesitan demasiadas palabras. Quizá porque él ya me había hablado tanto desde sus canciones. Quizá porque su humanidad se impone como un susurro que abraza.

Desde entonces, Serrat no es solo el poeta de lo cotidiano que admiro. Es también el amigo que acompaña, el confidente sereno, el cómplice de silencios y nostalgias. Es de esos amigos que no se agotan en la presencia, que incluso cuando están lejos, siguen ahí, en el eco de una frase, en la cadencia de una melodía, en la ironía justa que le da sabor a la vida. Y cómo no admirarlo, si ha sabido escribir lo que muchos sentimos y no pudimos nunca decir. Cómo no quererlo, si ha hecho del idioma (catalán y castellano) un puente entre almas.

Siempre he pensado que hay artistas que pintan con colores, otros que esculpen en mármol. Serrat, sin embargo, escribe con pan de cada día. Sus canciones alimentan. No solo el espíritu, también la memoria. Le da voz a lo que somos, sin retórica, sin artificio, con la honradez de un artesano de palabras. Para uno, es el mejor *poeta* de lo cotidiano, porque entiende que en lo pequeño se esconde lo eterno. Que la belleza de la vida no está en los fuegos artificiales, sino en la luz temblorosa de una lámpara encendida por alguien que espera. Serrat canta lo que duele, lo que alegra, lo que pesa, lo que redime.

Recuerdo una tarde en la que hablamos de Machado, de Hernández, de Benedetti. Hablamos de exilios y de amores, de política y de vino.

Porque con Serrat, la conversación nunca es banal. Incluso lo más liviano adquiere peso. Tiene esa rara virtud de hacerte sentir que cada minuto cuenta. Que la vida, como él mismo canta, no es más que cuatro días, y uno ya va por los tres cuartos. Entre copa y copa, carcajada y verso, me di cuenta de que estaba en presencia de alguien que ha hecho de la dignidad un oficio. Que nunca se arrodilló ante la comodidad ni claudicó ante la moda. Que ha defendido sus convicciones con el mismo tono con el que acaricia un verso: firme, pero sin estridencias. Valiente, pero sin soberbia.

Serrat ha sido el espejo donde muchos quisimos vernos. Ha sido la voz que ha encarnado nuestras dudas y nuestras certezas. Y lo sigue siendo.

Es el último juglar que no necesita autotune ni efectos especiales. Solo una guitarra, una silla y una historia que contar. Y siempre tiene una. Porque ha vivido con los ojos bien abiertos y el corazón aún más.

Hay algo en Serrat que me recuerda al mar. Tal vez sea esa mezcla de fuerza y serenidad. O su forma de decir las cosas, como quien arroja una botella con mensaje, sabiendo que llegará a la orilla que debe llegar. Es un mar que no abruma, que acoge. Y en ese mar he navegado muchas veces, acompañado de canciones como *Mediterráneo*, *De cartón piedra*, *Pleny al mar*, *De mica en mica*, y...*Paraules dámor* , que era mi sintonía radiofónica del programa que uno hacía durante años tanto en RNE como en la SER. Canciones que son como amigos leales, que no preguntan, no juzgan, solo están.

Cuando el camino se vuelve espinoso, cuando los tiempos parecen empujarnos hacia lo trivial, hacia lo fugaz, me basta con escucharle para reencontrarme con lo esencial. Porque Serrat, como los grandes maestros, enseña sin alardes. Y su enseñanza es, sobre todo, una lección de sensibilidad. De saber mirar al otro. De ponerle nombre a la emoción ajena. De dignificar al ser humano. Si eso no es poesía, que venga **Neruda** y lo desmienta.

A su lado, la vida es un poco más comprensible. Y más hermosa. Porque su amistad no es solo una anécdota para contar en sobremesas nostálgicas. Es una convicción.

Saber que está, que existe, que sigue creyendo en la palabra y en el amor, en la memoria y en la justicia, me reconcilia con un mundo que a veces duele demasiado.

Y si Serrat es el poeta de lo cotidiano, **Sabina** es su hermano de verso, el «rimador »de las madrugadas, el alquimista del castellano canalla y brillante. A veces pienso que si **Miguel Hernández** hubiera tenido una guitarra, habría terminado escribiendo con Sabina. Y si **Antonio Machado** hubiera conocido el rock de las tabernas, habría terminado cantando con Serrat. Porque ambos, Joan Manuel y Joaquín, se necesitan y se explican. Uno riega las flores de la infancia, el otro las orquídeas del desencanto. Juntos, componen el mapa sentimental de toda una generación, que no fue la mía. Fue la de mi hermana, fue la de…"*Como un gorrión*".

Pero si tengo que elegir el refugio, la voz que más veces me ha devuelto el equilibrio, es la de Joan. Porque hay un cariño en su música que no necesita ser explicado. Porque me recuerda que no estamos solos, que alguien más sintió lo que sentimos y no supimos escribirlo. Y lo cantó, para que no se nos olvide.

Hoy, al mirar atrás y ver la suerte de contarle entre mis amigos, siento que la vida me ha sido generosa. No por el privilegio del trato, sino por lo que él representa. Porque Serrat no es solo un cantautor: es una saeta, un candil, un compañero de viaje. Es un hombre que, sin quererlo, ha mejorado mi forma de mirar la vida.

Y si algún día el tiempo me alcanza con sus manos frías, y mi voz ya no tenga fuerza, sé que una canción suya me sostendrá. Que Serrat, con esa voz de padre sabio y vecino entrañable, seguirá hablándome desde el rincón más íntimo de la música.

Gracias, Joan. Por la amistad, por el arte, por la poesía que nos das sin pedir nada.

Por ser, sencillamente, tú.

Y ustedes, móntense en el Carrusel de la vida... súbanse: ¡dos boletos por un duro!

MAIMÓNIDES: LA RAZÓN Y EL ALMA EN LA PLAZA DE CÓRDOBA

En el corazón palpitante de Córdoba, donde la cal y la piedra guardan susurros de sabiduría, se encuentra una pequeña plaza que no se mide en metros cuadrados, sino en siglos de pensamiento. Una plaza humilde, casi esquiva al bullicio del turismo apresurado, pero que en su recogido silencio resuena con la fuerza de los sabios.

Allí, en la Judería, entre las calles que aún huelen a granada madura y a pergamino, se alza la figura inmortal de Moshé ben Maimón —el gran **Maimónides**—, como si la ciudad, en un gesto de justicia, se inclinara a recordar a uno de sus más ilustres hijos.

Soy médico, y ante la estatua de Maimónides me descubro. No como viajero, no como curioso, sino como eterno discípulo. Porque él, príncipe de la razón, encarnó una medicina que no era mera técnica ni fría anatomía, sino un arte tejido con compasión, filosofía y fe.

Él fue, y sigue siendo, el símbolo perfecto del médico que cura con ciencia pero también con alma, con sabiduría y con templanza.

UNA VIDA ENTRE LA RAZÓN Y EL MISTERIO

Maimónides nació en Córdoba en 1135, en el seno de una familia judía culta y piadosa. Su infancia transcurrió en la luz intelectual de Al-Ándalus, donde judíos, musulmanes y cristianos dialogaban en bibliotecas más ricas que muchas universidades actuales. Pero la intolerancia, esa enfermedad cíclica de la historia, lo obligó al exilio.

Cruzó desiertos y mares, de Córdoba a Fez, de Fez a Palestina, de Palestina a Egipto. Y fue en El Cairo donde floreció, donde escribió, donde curó.

Allí, en la corte del sultán Saladino, fue médico personal del visir. Pero también fue guía espiritual, filósofo, astrónomo, codificador de la ley mosaica, y pensador infatigable. Su obra *Guía de los Perplejos* no solo ilumina al creyente dubitativo, sino al científico que busca armonía entre razón y misterio. En ella, Maimónides no impone dogmas, sino que abre caminos. No encierra, sino que libera.

Como médico, escribió tratados sobre el asma, las almorranas (por feo que suene, es así como se dice. Hemorroides tenemos todos; almorranas no), la higiene, el veneno, el alma. Pero lo más admirable no fue su erudición —que fue vasta como el Nilo—, sino su humildad. Maimónides sabía que el cuerpo no es un engranaje, sino un templo sutil donde habita el espíritu. Sabía que el médico que no escucha al paciente, no escucha al cuerpo. Y que sin ética, la medicina es apenas alquimia barata.

LA PLAZA DE LOS SABIOS

Volvamos a Córdoba. La ciudad, tantas veces vendida al olvido, conserva aún un rincón digno del maestro. La *Plaza de Maimónides* es pequeña y serena, como conviene a los grandes. Está encajada en la Judería, como una joya en su estuche blanco. Allí, entre geranios y callejas, se alza la estatua de bronce de Maimónides, sentado, con un libro en la mano y la mirada baja, como quien contempla la infinitud de su pensamiento.

No es una estatua triunfalista, no hay mármol ni columnas. Es una escultura que invita al recogimiento. Uno se sienta a su lado y, si guarda silencio, escucha aún el eco de su voz razonada. Los pliegues de su túnica parecen hablar de viajes y noches de estudio, de manuscritos a la luz de una lámpara de aceite, de diagnósticos hechos más con la intuición que con el bisturí.

La plaza es también un lugar de tránsito espiritual. La gente pasa, fotografía, lee la inscripción, y sigue. Pero algunos —los menos— se detienen. Se detienen porque algo invisible los toca. Tal vez sea la energía del sabio, o el peso de los siglos. Tal vez sea la forma en que Córdoba, sin palabras, le pide perdón a su hijo ilustre por haberlo dejado partir.

EL MÉDICO IDEAL

Desde mi oficio de médico, Maimónides es más que un referente: es un faro.

En su *"Tratado de la conducta del médico"*, insiste en que el sanador debe dominar el arte de vivir tanto como el arte de curar. Pide templanza, estudio, amor por la verdad y, sobre todo, humildad. "El médico debe esforzarse por comprender al hombre en su totalidad", decía. Y tenía razón. Porque no se cura un corazón si no se cura también lo que lo pesa.

Hoy, en tiempos de algoritmos, protocolos y consultas exprés, ¿qué pensaría Maimónides? Probablemente lamentaría que se haya perdido el diálogo entre ciencia y ética, entre razón y compasión. Nos recordaría que no hay sabiduría sin virtud, ni salud sin armonía. Nos exhortaría a volver al paciente como ser integral, no como portador de síntomas. Y volvería a morirse de la vergüenza.

Y sin embargo, Maimónides no fue un nostálgico. Fue, en esencia, un humanista. Un adelantado. Su medicina era racional, sí, pero abierta a lo invisible. No despreciaba la tradición si era útil; no temía al progreso si era prudente. En su pensamiento, cuerpo y alma, ciencia y fe, filosofía y religión no eran enemigos, sino interlocutores.

PEREGRINAR HACIA EL SABIO

Cada vez que vuelvo a Córdoba, paso por su plaza. Es una forma de peregrinación laica. Me siento en uno de los bancos, me fumo un cigarrillo profundamente, escucho a los pájaros, observo a los turistas, y luego miro su estatua. Le hablo en silencio. Le agradezco. No por haber sido judío, ni cordobés, ni médico, ni filósofo. Le agradezco por haber sido humano, demasiado humano, como dijo otro sabio. Por haber comprendido que curar no es solo vencer a la muerte, sino reconciliar al hombre con su fragilidad.

He visto estudiantes tocar sus pies de bronce, como si ese contacto les transmitiera sabiduría (de igual manera que los estudiantes de arquitectura se dan cocotazos con la cabeza del maestro **Mateo** en la catedral de Compostela). He visto ancianos cerrar los ojos ante él, como ante un viejo amigo. He visto niños preguntar quién era "ese señor con libro". Y en cada gesto, en cada mirada, hay algo de eternidad.

Maimónides vive, no en los tratados académicos, sino en el corazón de quienes aún creen que la medicina es un arte sagrado. Vive en cada médico que, antes de recetar, escucha. En cada enfermero que ofrece consuelo. En cada científico que no olvida que detrás de cada célula hay una historia.

UN LEGADO SIN FECHA DE CADUCIDAD

Hoy más que nunca necesitamos su legado. No como reliquia, sino como bitácora. Porque el mundo sigue siendo un lugar de perplejos, y nosotros, médicos, filósofos o simplemente humanos, necesitamos guías. No dogmas, sino luces. Y Maimónides es eso: una llama serena que no deslumbra, pero que alumbra el camino.

La plaza que Córdoba le ha dedicado no basta para contener su grandeza, pero sí para recordarla. Allí está, humilde, entre los muros blancos y los ecos del pasado, ofreciendo su silencio al que sepa escuchar.

Y yo, médico entre ruinas, entre batas y latidos, entre informes y urgencias, sigo regresando a él. Porque en su mirada baja y en su libro abierto hay una invitación perpetua: a pensar, a sanar, a vivir con sentido. A no olvidar que, en el fondo, todos somos perplejos buscando sentido. Y que si escuchamos con el alma, el maestro aún responde.

Amén, Maimónides. Que tu ciencia y tu humildad sigan curando nuestras dolencias más profundas

EL GENIO INACABADO: UN RÉQUIEM EN PROSA POÉTICA PARA MOZART

En el fondo de mi alma, donde no llegan ni las jaurías del cinismo ni las ráfagas de la modernidad mecánica, vive un niño eterno con peluca empolvada que, al abrir los brazos, desborda el universo. Se llama Wolfgang Amadeus Mozart. A veces aparece en mis sueños montado sobre un clavicémbalo volador, otras, lo siento sentado a mi lado cuando escucho el *Requiem* en una noche de tormenta. No es un músico. Es una constelación. No compuso obras: tejió con dedos de ángel el idioma secreto de los dioses.

¿Y cómo no habrías de vivir, Wolfgang mío, en mis entrañas más suaves, tú que naciste para desordenar la lógica del dolor y pintar en el aire las volutas de la dicha? En mi pasión por ti no hay razón: hay fiebre. No hay análisis: hay lágrimas. No hay técnica: hay rendición.

Naciste en Salzburgo el 27 de enero de 1756, cuando la nieve en Austria parecía escrita por Vivaldi pero tú, precoz hereje, ya estabas afinando la vida para corregir a todos los que vinieron antes. A los tres años ya tocabas el piano como si conversaras con el tiempo. A los cinco, componías, y a los seis, ya girabas por Europa como una criatura prodigiosa, un niño prodigio que arrancaba lágrimas a reyes, duquesas y cancilleres. Tu padre, Leopold —más orgulloso que tierno, más celoso que pedagogo— te mostraba al mundo como un milagro vestido de terciopelo. Pero eras más que eso: eras un cometa.

¡Ah, Wolfgang, animal de música, duende travieso de la armonía! Tan pequeño y ya dueño del infinito. Te aplaudieron en París, en Londres, en Viena, en Roma. El Papa Clemente XIV, boquiabierto, te otorgó la Orden de la Espuela de Oro por haber escuchado una vez el *Miserere* de Allegri en la Capilla Sixtina... y transcribirlo de memoria. Tú, de catorce años. ¡De memoria! No eras humano. O si lo eras, estabas construido con otros materiales.

Pero no te bastaba deslumbrar. Querías volar. Y cuando la corte de Salzburgo —esas instituciones tan llenas de corcheas muertas— quiso encerrarte en la jaula de lo obediente, huiste. Porque tú, amado Wolfgang, eras libre como la melodía que no se repite. Preferiste la pobreza a la rutina, la insolencia a la servidumbre, la risa al protocolo. Fuiste revolucionario sin proclamas, anarquista sin manifiestos, desobediente por naturaleza. Y en esa desobediencia te hiciste eterno.

¿Qué decir de tu música? ¿Cómo explicar lo inexplicable sin balbucear? Tu *Pequeña serenata nocturna* flota como burbujas que no explotan. Tu *Concierto para clarinete* es un susurro de seda que acaricia las ruinas del alma. Tus *Sinfonías* son gritos de júbilo cósmico. Tus *Sonatas*, laboratorios de la ternura. Tus *Conciertos para piano*, donde la orquesta y el solista se cortejan con una elegancia de salón francés. Y tus

Óperas... ¡Ah, tus óperas! Hay que arrodillarse ante ellas como quien entra a un templo. En *Don Giovanni*, el deseo se convierte en castigo. En *Las bodas de Fígaro*, la risa se transforma en subversión. Y en *La flauta mágica*, los símbolos danzan como niños en un jardín de alquimia. ¿Qué es eso, si no milagro?

Cuando escucho el segundo movimiento de tu *Sinfonía 40*, siento que el mundo se vuelve inteligible, que la tristeza adquiere dignidad y que el aire, ese pobre instrumento de los mortales, se eleva a dimensiones mozartianas. No componías música: escribías el alma del mundo en pentagramas.

Pero tú también reías. ¡Y cómo reías! Tus cartas a tu prima Maria Anna Thekla —la "Bäsle"— son una colección deliciosa de obscenidades, pedorretas, juegos escatológicos y rimas insolentes. Hay en ti una inmensa irreverencia, una carcajada que suena a fuga, un humor que desafía el decoro de los académicos. Porque el genio, cuando se sabe tal, se permite todo. Y tú te lo permitías.

Eras capaz de escribir un motete para la muerte y, al mismo tiempo, hacer juegos de palabras con traseros. No había contradicción en ti. Porque eras todo. Todo al mismo tiempo. El niño, el sátiro, el maestro, el pilluelo, el alquimista, el niño otra vez.

Viviste poco, apenas treinta y cinco años, y aun así dejaste más de seiscientas obras que recorren todos los géneros. Desde la *misa* hasta la *burla*, desde la *danza cortesana* hasta el *dramón amoroso*, desde la *canción de taberna* hasta el *alegato celestial*. Es como si tuvieras prisa. Como si supieras que el reloj se agotaba. Como si compusieras para vencer a la muerte.

Y lo lograste.

Tus últimos años fueron duros. La Viena que te aclamó empezó a darte la espalda. Las deudas te apretaban como un corsé barroco. Tu salud se resquebrajaba. Y entonces, el misterio: alguien —quizá un noble anónimo, quizá el destino disfrazado— te encargó un *Requiem*. Tú, que nunca supiste rezar, comenzaste a componer la misa de tu propia muerte.

A menudo imagino esa escena. El otoño vienés pudriéndose en las hojas. Tú, pálido, febril, con los dedos temblando sobre el papel pautado. El tiempo derritiéndose en cada compás. Tu alma peleando contra la nada. Y el *Lacrimosa*, esa joya inconclusa, que parece haber sido dictada por ángeles tristes. No pudiste acabarlo. Te moriste la noche del 5 de diciembre de 1791, a las 0:55, como si el reloj te hubiera fusilado. Tenías fiebre, tenías frío, tenías miedo. Y aun así, al borde del abismo, compusiste belleza.

Tu entierro fue miserable. Fosa común, sin ceremonia, sin amigos, sin música. Apenas un puñado de tierra sobre un cuerpo que había contenido el universo. Fue indigno. Pero también simbólico: porque tú no eras de aquí. Eras del aire.

Y sin embargo, cada vez que alguien escucha tu *Ave verum corpus*, cada vez que un niño toca el *Turkish March* con dedos torpes pero soñadores, cada vez que una pareja se enamora escuchando tu *Piano Concerto No. 21*, vuelves a nacer.

Te imagino con tu risa de bufón sabio, observando cómo te estudian los musicólogos, cómo te pelean los países, cómo se disputan tu tumba vacía. Y tú, desde algún paraíso hecho de semifusas y bemoles, sigues componiendo con la punta de una nube.

No puedo evitar amarte.

No como se ama a un hombre —aunque fuiste hermoso y triste, pálido y risueño, y tengo pruebas de que las mujeres te encontraban irresistible—, sino como se ama a un fenómeno natural. A un eclipse. A una cascada. A una supernova.

Escucho tus cuartetos como quien se confiesa. Tus *Minuetos* me devuelven la infancia. Tus arias me cortan la respiración. En cada nota tuya hay algo que me reconstruye.

Y es que tú, Wolfgang mío, no escribiste música: escribiste consuelo.

Cuentan que una vez, mientras componías, se te cayó la pluma y dijiste: "¡Dios mío! ¡Se me ha caído la inspiración!" Como si la inspiración tuviera forma. Como si tú fueras sólo su amanuense. Pero yo no te creo. Tú no la recibías: tú la generabas. Eras tú la inspiración.

Hay anécdotas deliciosas sobre ti: que imitabas a los gatos en medio de los conciertos, que te subías a las mesas a bailar, que jugabas con las palabras como con las notas. Que escribiste una *Misa de los borrachos*, una *Canción para arlequines con flatulencias*, una *Farsa con monjas enamoradas*. Y que, sin embargo, cuando componías para Dios, el cielo te quedaba corto.

Fuiste tan humano que dolía. Tan niño que inquietaba. Tan genio que asustaba.

A veces me pregunto qué habrías hecho si hubieras vivido diez años más. ¿Habrías reinventado la música? ¿Habrías compuesto óperas galácticas? ¿Te habrías burlado de Beethoven o habrías sido su aliado? ¿Habrías creado una escuela? ¿O simplemente habrías desaparecido como un relámpago que no quiere repetirse?

No lo sé. Nadie lo sabe. Pero lo cierto es que te fuiste en el momento exacto: cuando la leyenda ya era inevitable.

Hoy, cuando las canciones se consumen como caramelos y la música se fabrica con algoritmos, tú sigues ahí, incorrupto, indiscutido, inmortal. Cuando todos olviden, tú seguirás sonando.

Por eso te amo.

Porque en un mundo lleno de ruido, tú eres armonía.

Porque en una época llena de egos, tú eres humildad traviesa.

Porque entre tanta vanidad sonora, tú eres verdad.

Te amo, Mozart mío, no como quien ama a un ídolo, sino como quien se rinde ante una evidencia que le supera. Tú no necesitas defensores. Ni exégetas. Ni panegíricos.

Te basta con sonar.

Y mientras suenes, la humanidad, por torpe que sea, tendrá redención.

Wolfgang Amadeus Mozart.

Eres mi refugio, mi oración laica, mi risa cuando todo duele.

El genio inacabado que lo dijo todo sin decirlo del todo.

Y cada vez que oigo tus notas, siento que el universo, al fin, tiene sentido.

Aunque sea por un compás. Aunque dure sólo una cadencia. Aunque termine en silencio.

Como tú.

Como tu vida.

Como tu *Requiem*.

Como esta pasión mía que no tiene final.

EL ARTE DEL TIEMPO DETENIDO: MI ADMIRACIÓN POR THOMAS MANN

Hay hombres que escriben como quien talla el mármol con el aliento; con la lentitud exacta del que conoce el peso del tiempo y el vértigo del espíritu. Thomas Mann fue uno de ellos. No hay apuro en sus frases ni prisa en sus páginas: todo en él es deliberación, construcción minuciosa de un pensamiento que se sabe europeo, decadente y lúcido como un ocaso de fuego. Leer a Mann es detener los relojes, rendirse al ritmo interior del mundo que se resiste a ser explicado en aforismos. Yo lo venero, como se venera al último organista de una catedral abandonada: por su dignidad, por su fe en la forma, por su negativa altiva a escribir para agradar.

La primera vez que leí *La montaña mágica* fue como entrar en una sala blanca donde la nieve cae en cámara lenta, mientras voces sabias, mordaces y dolientes discuten sobre la enfermedad, la muerte, la política y el alma. Ese sanatorio, a mil quinientos metros de altitud, es en realidad un monasterio invertido, donde los enfermos no se curan sino que se contemplan. Hans Castorp, que iba a visitar por tres semanas a un primo tísico, se queda siete años. Como todos nosotros, que entramos por curiosidad y nos quedamos por necesidad. Mann entendió que la enfermedad era la metáfora definitiva de Europa: un cuerpo exquisito y exhausto que aún se permite los placeres del arte mientras la fiebre lo devora.

Pero *La montaña mágica* no fue mi primer encuentro con Thomas Mann. Antes leí *Muerte en Venecia*, ese canto breve, perfecto, doloroso, donde la belleza se vuelve castigo. Aschenbach, el escritor severo, contenido, racional, se rinde en silencio ante un adolescente polaco en la ciudad de los canales, mientras el cólera avanza entre góndolas y estucos. ¿Quién podría narrar mejor esa rendición estética, esa fiebre interior que se disfraza de amor platónico? Mann, que era un moralista sensual, un tradicionalista subversivo, un burgués al que lo arrastraba el abismo. Por eso le creo. Porque su lucha era verdadera.

La vida de Thomas Mann es también una novela larga, tejida con contradicciones y lucidez. Nació en Lübeck, en 1875, ciudad de comerciantes y brumas, puerto hanseático donde el aire huele a niebla y protestantismo. Su padre era un hombre severo, senador y empresario; su madre, una brasileña de sangre caliente, con ascendencia portuguesa y espíritu artístico. Ese choque de líneas genéticas —el rigor alemán y el exotismo tropical— dejó huella en él. Fue, desde siempre, un hombre dividido: entre la norma y el deseo, entre la estructura y la tentación, entre el orden y el caos.

Cuando tenía quince años murió su padre, y con él se fue la empresa familiar. La familia se mudó a Múnich, más literaria y menos comercial. Allí empezó su vida de escritor, de observador compulsivo. Su hermano Heinrich, también escritor, era más político y más radical, pero Thomas era más sutil, más ambiguo, más profundo. Tenía la mirada del entomólogo que examina el alma con pinzas doradas. Publicó *Los Buddenbrook* a los veintiséis años, y con esa novela ganó, años después, el Premio Nobel. ¡A los veintiséis! Una saga familiar que retrata el declive de una estirpe de comerciantes —basada en la suya— y que, como toda buena literatura, cuenta algo mayor: la disolución del carácter, el desgaste de la convicción, la fragilidad de los valores frente al tiempo.

Mann era un conservador ilustrado. Amaba a Goethe, detestaba el expresionismo. Le tenía miedo al romanticismo desenfrenado y admiraba la disciplina. Y sin embargo, su literatura está llena de corrientes subterráneas, de pasiones apenas contenidas, de pulsiones que empujan desde el subsuelo. Se casó con Katia Pringsheim, de familia judía y espíritu libre, y juntos tuvieron seis hijos. Katia fue su refugio y su armadura. Pero los diarios del autor, publicados póstumamente, nos muestran su atracción constante, doliente, contenida por muchachos jóvenes, a los que miraba con un anhelo que nunca terminó de decirse.

Mann fue un estoico del deseo, y eso lo hace más profundo, más humano, más trágico.

Durante el ascenso del nazismo, Thomas Mann eligió el exilio. Primero Suiza, luego Estados Unidos. Desde allí alzó su voz contra la barbarie. Escribió discursos, dio conferencias, se convirtió en conciencia moral del exilio alemán. Pero no fue fácil. La patria que amaba estaba tomada por la locura. Su hijo Klaus se volvió adicto y se suicidó. Su hermano Heinrich lo acusó de tibieza. Su hija Erika fue su defensora feroz. Mientras tanto, Mann seguía escribiendo: *José y sus hermanos*, una tetralogía monumental sobre el relato bíblico, que convierte el Génesis en una novela de análisis psicológico y arqueología moral. ¿Quién más podría hacer eso sin que suene ridículo? Solo él.

Una de sus obras más complejas y ambiciosas es *Doktor Faustus*, donde retrata, a través de un compositor ficticio —Adrian Leverkühn—, la tragedia de Alemania en el siglo XX. Leverkühn hace un pacto con el diablo para alcanzar una música pura y nueva, pero a costa de su alma y su cordura. Es una obra difícil, llena de referencias musicales, filosóficas, teológicas. Pero es también un espejo oscuro: Alemania pactó con el Mal por ansias de grandeza, y terminó destruida. Mann, siempre crítico, nunca rencoroso, compuso así su réquiem más doloroso.

Hay anécdotas que dibujan mejor al hombre que los retratos oficiales. Cuando le entregaron el Nobel, en 1929, lo hizo con la dignidad de quien no lo necesita pero lo agradece. En su biblioteca tenía a Nietzsche junto a Schopenhauer, a Goethe junto a Freud. Leía en cinco idiomas, y no solo por vanidad: era un lector compulsivo, respetuoso del saber. Se levantaba a las seis, escribía con disciplina de relojero. Solo después se permitía la ópera o el paseo. Nunca fue bohemio, nunca fue espontáneo. Pero era auténtico. Y eso se nota.

Se dice que cuando visitó España en 1930 —en pleno ascenso de la República—, quedó fascinado por el fervor intelectual que encontró, pero también perplejo ante el caos político. En una carta escribió: "España es un país hermoso, lleno de pasión y pensamiento, pero camina hacia su abismo con los ojos abiertos." ¿No podría decirse lo mismo de él?

Mann murió en 1955, en Zúrich, lejos de su patria, con el alma desgarrada entre el orgullo y la nostalgia. Tenía ochenta años y una obra monumental. Pero más allá de sus libros, dejó un ejemplo. El del escritor que no se rinde a las modas, que no sucumbe al grito fácil, que apuesta por la complejidad aunque eso le cueste lectores. En tiempos de ruido, él escribió en tono menor. En tiempos de velocidad, él optó por la lentitud. En tiempos de consignas, él eligió la ambigüedad.

Yo lo admiro porque no quiso gustar, sino decir. Porque entendió que el estilo es una forma de ética. Porque no escribió nunca para el aplauso, sino para la posteridad. Porque en cada página suya hay una lección de dignidad, de contención, de grandeza sin espectáculo.

Leer a Thomas Mann no es fácil. Exige silencio, tiempo, concentración. Pero es como subir una montaña nevada: el esfuerzo se ve recompensado por una visión más alta del mundo. En sus libros uno encuentra preguntas, no respuestas. Dudas, no dogmas. Y eso, en esta era de certezas estériles, es un lujo.

Me gusta imaginarlo escribiendo con su pluma antigua, en su estudio suizo, mientras el mundo ruge fuera. El cabello blanco, la frente alta, los ojos grises que han visto tanto. Me gusta pensar que aún vive en cada lector que se atreve a leer sin prisas, que lo invoca sin banalidad. Mann no está de moda, y eso lo hace más urgente. Es un faro en medio del ruido.

Hoy, cuando todo tiende a simplificarse, a reducirse a slogans, a venderse en píldoras, Thomas Mann se yergue como un monumento al pensamiento largo. Su obra es una defensa del matiz, del análisis, del arte como forma de resistencia. Por eso, yo no solo lo admiro: lo defiendo. Como se defiende una catedral del siglo XIII frente a las excavadoras. Como se defiende un idioma frente al empobrecimiento. Como se defiende la dignidad frente a la vulgaridad.

Sus frases aún resuenan, como campanas graves:
"El escritor no es un maestro, sino un testigo."
"El arte es la salvación de lo inútil."

"La enfermedad es un camino hacia el conocimiento."

"La belleza nos redime y nos condena."

Mann no escribió para entretener, sino para comprender. Y en esa comprensión, a veces incómoda, reside su grandeza.

Mientras otros buscaban epatar, él prefería exponer. Mientras otros caían en el panfleto, él tejía pensamientos como quien borda con hilos de oro.

Por todo eso —y por mucho más que escapa a las palabras—, Thomas Mann es para mí un maestro. De la lentitud, de la duda, del estilo, del pensamiento. Un viejo sabio que me acompaña en los días de sombra, que me enseña a mirar más allá del instante, que me recuerda que, a pesar del ruido, aún es posible escribir con el alma.

Y que vale la pena.

CÓMO FLOTO DE ÉXTASIS OYENDO A CHARLES LLOYD

Un viaje por la mística musical de un chamán del jazz

No es que escuche a Charles Lloyd: es que me disuelvo en él. Floto. Me evaporo. Me hago bruma que danza sobre un bosque rojo al atardecer. Me convierto en médula líquida de un saxo que llora en lenguas antiguas. Porque cuando Lloyd toca, no toca: invoca. Y cuando yo lo oigo, no oigo: transciendo. A veces, incluso me da por creer que los ángeles, si los hay, no cantan gregoriano, sino que tocan en cuarteto con Lloyd en la Eternidad Lounge, y que Coltrane asiente desde la barra con un bourbon cósmico en la mano.

Pero no exageremos... o sí. Con Lloyd no hay otra opción. Su música es lo que los místicos llamarían un estado alterado de conciencia; lo que los poetas tildarían de revelación; lo que un médico cardiólogo, digamos, podría describir como una taquicardia afortunada. Cuando el saxo de Lloyd susurra —sí, porque incluso cuando ruge, lo hace en susurros— uno deja de ser quien era. Te atraviesa, te afina el alma, te reescribe las arterias.

Nacido un 15 de marzo de 1938 en Memphis, Tennessee —y no en el Olimpo, como sospechan algunos—, Charles Lloyd creció entre blues, gospel, jazz y el aliento omnipresente del Mississippi. Su ciudad natal era un cruce de caminos sonoros y raciales, un territorio fronterizo donde la música no era una vocación: era una supervivencia. De niño estudió piano, luego flauta, hasta que un día abrazó el saxo tenor como si fuese un árbol sagrado. En su adolescencia tocaba en clubes con leyendas como Phineas Newborn y George Coleman. Se licuaba en la tradición, pero con ojos puestos en el porvenir.

En los años sesenta, Lloyd irrumpió en la escena jazzística con una propuesta que nadie supo encasillar del todo: un jazz espiritual, libre, aéreo, salpicado de psicodelia, raga hindú y latido afrocaribeño. Era místico pero no dogmático; era experimental sin caer en lo esotérico. En 1966 fundó su cuarteto más legendario junto a Keith Jarrett, Jack DeJohnette y Cecil McBee. Cuatro exploradores que parecían más un grupo de alquimistas que una banda de jazz. Aquellos conciertos eran viajes chamánicos. No sabías si ibas a salir llorando, levitando o ambas cosas.

Y llegó **Forest Flower**, su álbum más famoso, grabado en directo en el Festival de Monterey en 1966. Ahí se consagró. Y cuando digo "consagrarse", lo digo literalmente. No fue un éxito: fue una epifanía colectiva. Lloyd, con ese disco, no sólo rompió la frontera entre el jazz y el rock, sino que convirtió el jazz en una especie de misa laica. No era sólo música: era rito. La canción "Forest Flower: Sunrise" arranca con una melodía casi infantil, naïve, y poco a poco se expande, se abre como una flor psicodélica, hasta envolverlo todo. Si no has oído ese tema caminando solo por un bosque, no sabes lo que es tener alma vegetal.

Y mientras otros se perdían en la fama, Lloyd, de forma curiosa, desapareció. Se retiró del circuito comercial a principios de los setenta. Muchos lo dieron por muerto. Se fue a Big Sur, a meditar, a escuchar el silencio. A desintoxicarse del mundo y del ego. Una especie de ermitaño sonoro. Pero no estaba acabado. Estaba cocinando otra etapa. Y en los ochenta y noventa, regresó. No como un artista desesperado por volver a la luz, sino como un sabio que vuelve al pueblo para compartir sus visiones.

Una de las grandes anécdotas de su vida fue su colaboración con The Beach Boys. Sí, los mismos de "Surfin' USA". Lloyd tocó con ellos en varias grabaciones, y eso, lejos de parecer una traición al jazz, fue una extensión natural de su espíritu camaleónico. Porque Charles Lloyd nunca ha sido ortodoxo. Él no hace jazz. Él hace Lloyd.

Otra anécdota, casi mística, ocurrió en 1996, durante un concierto en Berlín. Lloyd sufrió un colapso pulmonar mientras tocaba. Literalmente. Cayó al suelo en pleno solo. ¿Y qué hizo? Terminó el tema antes de ser llevado al hospital. No era ego. Era fidelidad al trance. Ese día, un crítico escribió: "No tocaba con los pulmones. Tocaba con el alma. Los pulmones sólo eran el instrumento."

Hay en Lloyd una constante comunión con lo invisible. Su obra posterior a los años noventa, publicada principalmente por el sello ECM, es pura meditación sonora. Discos como *The Water Is Wide*, *Lift Every Voice*, *Rabo de Nube* o *Mirror* son cápsulas de serenidad, retablos para el alma inquieta. En ellos toca con músicos de una sensibilidad extrema: Jason Moran, Reuben Rogers, Eric Harland. Todos parecen hablar con Lloyd en un idioma no verbal, en una gramática de suspiros.

Una vez, alguien le preguntó qué era para él la música. Respondió: "Una forma de respirar mejor." Y tenía razón. Oírlo es inhalar belleza y exhalar escombros. Es, en cierto modo, terapia intensiva del alma. Hay quienes necesitan ansiolíticos. Yo, con ponerme *Passin' Thru*, ya tengo bastante. Ese disco en vivo, grabado en 2016 cuando ya tenía casi ochenta años, demuestra que Lloyd es de esos artistas que rejuvenecen al soplar una nota. Lo suyo no es tocar: es transformar el aire en consuelo.

Por supuesto, sus colaboraciones recientes con Lucinda Williams, Norah Jones o Bill Frisell no son simple modernización: son integración. Lloyd no busca "estar al día". Él es el día. Él es el ahora eterno. Todo lo que toca, incluso una melodía de Hank Williams, la transforma en plegaria. En *Vanished Gardens*, por ejemplo, uno siente que camina por un cementerio sonoro donde las flores lloran notas en vez de rocío.

Pero sin tristeza. Hay dolor, sí, pero hay también aceptación, luz, redención.

Cuando lo veo en vivo –o cuando lo sueño, que es casi lo mismo– siempre tiene esa figura de monje. Alto, de barba blanca, con turbante o sombrero, flaco como un lirio zen. Y cuando alza el saxo, pareciera que convoca a los muertos y a los vivos a un mismo baile. No improvisa: canaliza. No toca: escucha al universo y le devuelve su eco.

Y yo, ¿qué hago mientras? Floto. Como decía al principio, me hago bruma. A veces cierro los ojos y me descubro en la selva de Tulum o en una terraza de Estambul, con un té humeante en la mano, mientras Lloyd toca "Booker's Garden" y siento que Charles, sí, Charles Lloyd, me ha leído el alma.

¿Qué tiene su música que no tengan otros? Lo inefable. Eso que no se puede describir pero que uno reconoce cuando se eriza la piel. No es técnica. No es virtuosismo. Es ese raro perfume que deja la sabiduría cuando se combina con la humildad. Lloyd, pese a todo su prestigio, nunca presume. Nunca empuja. Sólo ofrece. Como un cuenco lleno de agua fresca. Tú decides si bebes.

Y qué decir de su flauta. Porque aunque es más famoso por el saxo tenor, cuando toca la flauta se convierte en duende. En viento puro. En espíritu que se cuela por las rendijas del mundo. Hay en esas notas una fragilidad que asombra, una ternura que desarma.

Quizá por eso, cuando termina un concierto suyo, nadie aplaude de inmediato. Hay siempre un silencio. Una pausa sagrada. Como si el público no quisiera romper el hechizo. Como si todos supieran que, por un instante, han sido mejores personas.

He intentado muchas veces escribirle una carta. Nunca la termino. ¿Qué decirle? ¿Gracias? ¿Perdón por haber dudado del alma humana antes de oírte? ¿Pasa por casa si vienes a Europa? No. No se le puede escribir a un chamán. Sólo se le puede seguir escuchando. Y flotando. Y agradeciendo que aún haya seres como él, capaces de convertir el dolor en belleza, el aliento en consuelo, el jazz en salvación.

Porque Charles Lloyd no es sólo un músico. Es un estado del alma. Un idioma del asombro. Un refugio contra la vulgaridad del mundo.

Y yo, cuando lo escucho, no tengo patria, ni edad, ni cuerpo. Tengo alas. Y vuelo. Y floto.

Y eso, en este mundo de gritos, algoritmos y ruido, es un milagro.

Uno de los pocos que aún suenan afinados.

LA SUBLIMIDAD DE DANTE ALIGHIERI: VERBO, VIDA Y VÉRTIGO

Dante Alighieri no es un poeta; es un universo. No es un autor; es una arquitectura del espíritu. No es un florentino; es el cartógrafo de lo humano. Y todo aquel que lo lee con humildad –que es la forma más sabia de leerlo– termina devorado, redimido o condenado, como en su Comedia, que de divina no tiene más que el epíteto tardío que le otorgó Boccaccio para poder soportarla. Porque la Comedia es, en esencia, un descenso. Y nadie desciende indemne.

Nacido en Florencia en 1265, Dante fue bautizado durante una época convulsa, donde los conflictos entre güelfos y gibelinos transformaban la política italiana en una tragicomedia de traiciones, alianzas fugaces y puñales bajo la toga. Su nombre, Durante, fue abreviado pronto, quizás porque los florentinos sabían ya que no durarían ellos más que su obra. Hijo de Alighiero di Bellincione y de una madre que murió siendo él apenas un niño, Dante tuvo la fortuna o la desgracia –todo en su vida fue ambas cosas– de nacer en una ciudad donde la palabra valía tanto como la espada. La Florencia medieval era una caldera de intelecto y sangre, de latín y oro, de fe y fractura.

Pero fue en 1274, cuando apenas contaba con nueve años, que ocurrió la epifanía que selló su destino: vio a Beatrice Portinari por primera vez. No la saludó. No intercambiaron palabras. No lo necesitaban. En ese silencio fundacional, como un evangelio no pronunciado, Dante se condenó al amor y a la literatura. Beatrice se convertiría en la columna vertebral de su vida espiritual, en la brújula mística de su Comedia, y en la razón por la cual el Cielo era para él algo más que una promesa; era una persona.

Dante fue educado en gramática, retórica, filosofía, teología y música. Entre sus maestros destacan Brunetto Latini, a quien colocará, con dolor y reverencia, en el Infierno, y Guido Cavalcanti, su compañero del "dolce stil novo", esa revolución poética que elevó la lengua vulgar a la dignidad de lo sagrado. Porque Dante no solo escribió en toscano: lo sublimó. Lo convirtió en el idioma de Dios. En una época donde el latín era el único pasaporte a la eternidad literaria, él se atrevió a escribir como hablaba el pueblo. Y al hacerlo, hizo al pueblo digno del Paraíso.

La vida política de Dante fue tan tormentosa como su visión escatológica. Participó activamente en la vida comunal de Florencia, ocupando cargos diplomáticos, embajadas y finalmente el priorato en 1300, una magistratura que lo colocó en el epicentro de las luchas entre güelfos blancos y negros. Defensor del papado frente a las intromisiones imperiales, y crítico acérrimo de la corrupción vaticana, se ganó enemigos en todos los frentes. En 1302 fue condenado al exilio perpetuo, acusado de corrupción y malversación de fondos. Jamás volvería a pisar su ciudad natal. Fue esta expulsión lo que encendió la llama de su Comedia. Porque si no podía habitar Florencia, la reconstruiría en versos. La edificaría en los círculos del Infierno, los repliegues del Purgatorio y las esferas del Paraíso. Y la juzgaría.

La Divina Comedia, escrita entre 1308 y 1321, es un poema de 14.233 versos distribuidos en cien cantos. Su estructura es matemática, casi divina: tres cánticas, cada una con treinta y tres cantos (más uno introductorio), escritos en tercetos encadenados, como si el número tres –símbolo trinitario– tejiera todo el cosmos. Pero más allá de su perfección formal, lo que deslumbra es su ambición metafísica. Dante no escribe un viaje al Más Allá; escribe *el* viaje. Lo hace acompañado primero de Virgilio, emblema de la razón pagana, y luego de Beatrice, figura de la gracia divina. El Infierno es geográfico, político y moral; el Purgatorio es ético y esperanzado; el Paraíso es musical, intelectual y místico. Cada paso que da su yo poético –el *Dante-personaje*– es un paso hacia la purificación, pero también hacia la escritura misma.

Una anécdota reveladora de su carácter: cuando en 1315 Florencia le ofreció un perdón condicionado, exigiéndole confesar públicamente los supuestos delitos cometidos, Dante respondió con altivez: «No es esta la manera de volver del exilio: volveré cuando me sea dada la gloria de mi patria, no la humillación». Y no volvió. Prefirió vagar por Verona,

Lucca y Rávena, protegido por mecenas y señores feudales, siempre pobre, siempre altivo, siempre escribiendo. En Rávena murió en 1321, probablemente de malaria, tras regresar de una embajada en Venecia. Lo enterraron en la iglesia de San Pier Maggiore. Florencia, avergonzada, ha pedido sus restos durante siglos. Pero Rávena los guarda con justicia: quien desprecia a su profeta, no merece sus huesos.

La Comedia es también una galería de venganzas literarias. Dante condena a sus enemigos con precisión quirúrgica. El papa Bonifacio VIII arde en profecía infernal antes de morir; Farinata degli Uberti es castigado entre los heréticos pese a haber salvado Florencia; Ugolino della Gherardesca devora la cabeza de su verdugo en una de las escenas más espeluznantes del Infierno. No hay piedad. Pero también hay redención. La figura de Cato en el Purgatorio, la clemencia para ciertos herejes, la devoción por San Bernardo en el Paraíso, todo revela una teología literaria profundamente personal. Dante no sólo representa la justicia divina: la reescribe. Como un Miguel Ángel con palabras, cincela su cosmos con furia y ternura, condena y canto.

Otra de sus obras fundamentales es el tratado *De Vulgari Eloquentia*, donde defiende la dignidad de las lenguas vernáculas y sienta las bases de la literatura italiana. También el *Convivio*, una especie de banquete filosófico donde aúna saberes aristotélicos y cristianos, y la *Monarchia*, un alegato político por la autonomía del poder imperial frente a la

Iglesia. Todos estos textos revelan un Dante que no era sólo poeta: era teólogo, filósofo, jurista y lingüista. Pero la Comedia lo eclipsa todo, como el sol a las estrellas.

Una de las anécdotas más sabrosas cuenta que mientras paseaba por Verona, una mujer señaló a Dante y murmuró a su hijo: «Mira, ese es el hombre que ha estado en el Infierno». Tal era el poder de su escritura: se confundía con la realidad. Y es que nadie ha descrito el sufrimiento con tanta precisión geométrica. Nadie ha cantado el amor con tanta altura teológica. Nadie ha creado un universo donde el castigo es merecido, la virtud luminosa, el error trágico y el ascenso arduo. En Dante, el lenguaje no sirve para describir la realidad: *la funda*.

Otra anécdota entrañable es la de su encuentro –real o inventado, poco importa– con Giotto. Se dice que ambos coincidieron en Padua y hablaron largamente sobre la representación del alma. Giotto lo hacía con colores; Dante, con metáforas. Pero ambos aspiraban a lo mismo: hacer visible lo invisible. Giotto pintó las almas; Dante las hizo hablar.

El legado de Dante es inabarcable. Shakespeare lo admiró con reverencia, Goethe lo consideró «el mayor poeta», T. S. Eliot lo estudió con devoción. Borges, ese argentino ciego que le debe a Dante todo lo que vio, escribió que la Comedia es «el libro que no acaba nunca». Y tenía razón: cada lectura es un nuevo descenso, una nueva purificación, un nuevo asombro.

Incluso la lengua italiana, tal como la conocemos hoy, es impensable sin él. Petrarca y Boccaccio lo siguieron, pero ninguno alcanzó su altura. El toscano de Dante se convirtió en el idioma nacional, no porque lo impusieran reyes, sino porque lo impuso la belleza.

No se puede leer a Dante sin estremecerse. No se puede pasar por el canto de Francesca da Rimini sin que tiemble la carne. No se puede ascender con San Bernardo hacia el Empíreo sin quedarse sin aliento. Leer a Dante es perder la ingenuidad. Es comprender que el lenguaje es el puente entre lo humano y lo divino. Es ver, por una vez, el universo como una sinfonía terrible y perfecta.

Y sin embargo, Dante nunca fue completamente feliz. Su vida fue una suma de ausencias: de madre, de Beatrice, de Florencia. Tal vez por eso escribió la Comedia: para construir un cosmos donde nada se perdiera, donde el amor tuviera la última palabra. «L'amor che move il sole e l'altre stelle», dice el último verso. El amor que mueve el sol y las otras estrellas. Ni Dios, ni la justicia, ni el castigo: *el amor*. El mismo amor que lo condenó a la escritura. El mismo que lo salvó de la desesperación. El mismo que, al leernos ahora, nos arrastra con él hacia un viaje del que no se regresa nunca igual.

Dante no escribió para los vivos de su tiempo, sino para los inmortales del futuro. Por eso nos duele, nos transforma, nos ilumina. Por eso, cuando abrimos su libro, descendemos con él. Y si somos dignos, acaso también ascendemos.

Aunque sólo sea por un instante. Aunque sólo sea en palabras.

EL ETERNO RACHMANINOV: UN ALMA MELANCÓLICA ENTRE ACORDES Y TORMENTAS

Hay hombres que nacen con el sino de ser relámpagos: atraviesan el cielo del tiempo con un fulgor doliente, con una intensidad que no da tregua, con una sonoridad tan profunda que uno no sabe si aplaudir o llorar. Sergei Rachmaninov fue uno de esos relámpagos. No fue solo un músico, ni solo un pianista, ni solamente un compositor: fue un alma desgarrada que se disfrazó de músico para poder llorar sin escándalo en salones iluminados. Fue un viajero sin patria, un romántico exiliado en la modernidad, un eco humano que aún resuena, melancólico, desde los fondos más sombríos del piano.

Nació bajo el cielo gris y abierto de la Rusia imperial, en una finca junto a Nóvgorod, un 1 de abril de 1873. Su cuna no fue humilde, sino melódica: la nobleza rural rusa, tan dada al vodka como al piano vertical, le ofreció desde niño dos caminos: el derrumbe económico y la música como tabla de salvación. La fortuna familiar fue disipándose por la alegre irresponsabilidad del padre, dejando al niño Sergei bajo la protección de una madre que sí entendía de teclas, partituras y rezos mudos ante el teclado. A los nueve años, Rachmaninov ya era un prodigio con manos de gigante, dedos que parecían tentáculos de sensibilidad y un alma demasiado madura para la edad que sus rodillas apenas sostenían.

Entró al Conservatorio de San Petersburgo con la promesa de hacer historia y salió del de Moscú con la desesperanza escrita en cada nota. Allí tuvo como maestros a Tchaikovsky y Arensky; fue Anton Rubinstein quien influyó en su técnica, pero fue el dolor de su primera obra quien le modeló el carácter. Su Primera Sinfonía (1897) fue estrenada con la dirección desganada de Glazunov y una orquesta apática. El resultado fue un desastre tan colosal que, como un niño al que le rompen el juguete, Rachmaninov cayó en una depresión de tres años. Enmudeció. No componía, no tocaba, no hablaba. Solo caminaba. O dormía. O lloraba en silencio. Hasta que llegó Nikolai Dahl, un hipnotizador con alma de terapeuta, que lo hipnotizó literalmente con palabras de afirmación: *"Usted compondrá música bella. Usted la escuchará dentro de usted mismo. Será suya. Y será hermosa."*

Y lo fue. El Concierto para piano n.º 2 en do menor, op. 18 (1901), surgió de ese trance con el aplomo de una resurrección. Fue un parto de gloria. Es, hasta hoy, una de las piezas más amadas, más interpretadas, más humanas que se han escrito. Desde las campanadas del primer movimiento, como una catedral que se erige entre las ruinas de la tristeza, hasta el lirismo esperanzado del final, esta obra es la victoria de la música sobre el abismo.

Fue un compositor de nostalgias, de ecos y de adioses. La Revolución de Octubre lo obligó a abandonar Rusia en 1917. Su exilio no fue solo físico; fue emocional, cultural, idiomático. Rachmaninov nunca volvió a ser del todo él. Ni en París, ni en Suiza, ni en Nueva York. Decía que sin Rusia, se le había ido la música. Y en parte era cierto: compuso menos después del exilio, y se dedicó más a interpretar que a crear. Viajaba en trenes, en barcos, en coches de lujo, con su figura imponente, su cara alargada de icono ortodoxo, su porte aristocrático y sus silencios profundos. Se convirtió en una leyenda viva, en el pianista de manos infinitas, en el último romántico en tiempos de atonalidad.

Tocaba con una mezcla de severidad y temblor. Su presencia en el escenario era casi litúrgica: no sonreía, no gesticulaba, no fingía entusiasmo. Solo se sentaba ante el piano y dejaba que hablaran las notas. Su ejecución de las obras de Chopin, Liszt y especialmente de sus propias composiciones, era siempre un acto de redención. En él se conjugaban la técnica perfecta y el alma herida.

Se cuenta que en una gira por los Estados Unidos, durante la década de los años treinta, cuando la depresión económica arrastraba a millones al hambre y al olvido, Rachmaninov se negó a subir al escenario porque el piano estaba desafinado. Lo hizo afinar tres veces, sin prisas, y finalmente tocó. "No es vanidad", dijo al organizador. "Es respeto. Respeto por el público, por el piano, por la música. Por mí."

Era también un perfeccionista enfermizo. Cuando grabó sus propios conciertos para piano, regrababa partes enteras por un error casi imperceptible, por un leve desfase en la respiración musical, por un sonido que a oídos de cualquier otro habría sido celestial, pero para él era una mácula. Y sin embargo, su perfeccionismo no ahogaba su expresividad. Hay en sus interpretaciones una mezcla de precisión matemática y desesperación emocional, como si se hubiese entrenado para llorar con exactitud su pérdida de patria, de juventud, de un mundo que ya no existía.

Entre sus obras más emblemáticas, destacan las *Danzas Sinfónicas* (1940), escritas poco antes de morir. En ellas está todo: Rusia, los rezos ortodoxos, la sombra de la muerte, la alegría forzada de un exilio que le apretaba como un traje ajeno. Las escribió en su casa de Beverly Hills, un palacio ruso en tierra de palmeras y actores. Allí vivía como un noble errante, leyendo periódicos rusos, comiendo comida rusa, recibiendo visitas rusas, como si aún estuviera en una finca cerca de Nóvgorod, antes de que el mundo ardiera en revoluciones y guerras.

Murió en 1943, en California, de un melanoma que se extendió sin tregua, como las sombras del siglo que le tocó vivir. Pero incluso en su agonía, seguía tocando, dictando cartas, escuchando música. En su lecho de muerte, pidió que le pusieran grabaciones del segundo concierto. Quiso morir con sus propias notas envolviéndolo. Y así fue: su corazón dejó de latir con la última nota de su alma resonando en el aire.

Pero más allá de fechas, partituras y cementerios, Rachmaninov vive. Vive en cada pianista que se atreve a tocar su Tercer Concierto, ese Everest del repertorio, esa pieza que él compuso sin pensar que haría sudar a generaciones de virtuosos. Vive en cada lágrima que cae en medio del *Adagio sostenuto* de su Segunda Sonata. Vive en los compases oscuros de su *Isla de los muertos*, inspirada en el cuadro de Böcklin, donde la barca fúnebre surca un mar tenebroso, como su vida misma.

Una anécdota lo pinta de cuerpo entero. Se cuenta que tras un concierto en Nueva York, una dama elegante lo abordó para pedirle un autógrafo. Rachmaninov, solemne, tomó la partitura que ella le tendía, y con su pluma trazó: *"Con todo mi respeto y tristeza, S. Rachmaninov."* La señora, sorprendida, preguntó por qué incluía la palabra "tristeza". Él respondió: "Porque no volveré a tocar esta obra como lo hice hoy. Cada interpretación es un adiós."

Y tenía razón. En él no había automatismos. Cada ejecución era un acto irrepetible. Su alma, aunque constante, se modulaba con los vientos del día. Tocaba con la herida abierta. Componía con la memoria doliente. No hubo en el siglo XX otro compositor que, estando tan profundamente arraigado en el siglo XIX, sobreviviera con tanta dignidad a la modernidad que lo devoraba todo. Schoenberg, Stravinsky, Prokófiev... todos rompían, desconstruían, renovaban. Rachmaninov, en cambio, tejía recuerdos. Era un romántico en tierra de cubistas. Un Tolstói en el cine sonoro. Un zar sin trono que aún imponía respeto.

No le interesó la innovación por la innovación. Le interesó la belleza. La emoción. El estremecimiento. Y lo logró. Que se lo digan a las salas de conciertos que aún hoy se estremecen con su música. Que se lo digan a los oyentes que, escuchando su *Vocalise*, sin palabras, sin texto, sin explicación, sienten que se les deshace el alma.

Hay quien dice que su música es kitsch. Que es sentimentalismo fácil. Que sus melodías se parecen demasiado entre sí. Puede ser. Pero también hay quien cree que mirar un atardecer es cursi. O llorar con una carta antigua. O escribir sonetos de amor. Y sin embargo, la emoción —cuando es verdadera— no necesita justificación. Rachmaninov no componía para los críticos. Componía para la eternidad. Y la eternidad, como el amor, no se explica: se siente.

Una última imagen: Rachmaninov caminando solo, de noche, por las calles de Lucerna, con el bastón en la mano y la mirada perdida. Nadie lo reconoce. Nadie sabe que ese señor alto, delgado, de pasos largos y expresión triste, ha compuesto algunas de las páginas más conmovedoras del siglo. Se detiene junto a un lago. Mira el agua. En su cabeza suena una melodía. La tararea. Suspira. Luego sigue caminando. Como todos los que pertenecen más al pasado que al presente, como todos los que han amado demasiado, como todos los que han perdido algo que nunca podrán recuperar.

Así era Rachmaninov: un hombre que caminaba por el mundo como si fuera un recuerdo.

Y cuya música, aún hoy, no nos permite olvidarlo.

EL MAESTRO MATEO Y EL PÓRTICO DE LOS CIELOS

Hubo un tiempo en que los hombres no firmaban sus obras porque sus nombres estaban inscritos ya en el polvo. Pero hubo un hombre, uno solo entre mil, que talló la eternidad con tanta delicadeza, con tanto furor contenido, que la piedra misma, dócil por primera vez, susurró su nombre: Mateo. Maestro Mateo. No príncipe, no obispo, no cruzado. Maestro. El título más alto que otorga la paciencia. El galardón reservado a los artesanos que moldean la belleza con la obediencia del tiempo.

Maestro Mateo, cuya biografía es apenas un soplo entre el musgo de los siglos, fue un visionario de granito. Nació, quizás, entre las brumas gallegas, o quizás vino de más lejos, de tierras donde las catedrales se elevan como plegarias congeladas. Lo cierto es que, en el año del Señor de 1168, el rey Fernando II de León —soberano de un reino que aún creía en las estrellas— le confió la misión más ardua: completar la catedral de Santiago de Compostela. Pero no a cualquier precio, no con cualquier mano. Había que construir la puerta de entrada al paraíso. Y sólo un alma como la suya, entre todas las que hollaban la tierra, podía trazar con compases invisibles el Pórtico de la Gloria.

●

¿Qué vio Mateo cuando soñó ese pórtico? ¿Qué escuchó en la piedra rugosa que otros consideraban muda? ¿Qué plegarias sin palabras se derramaron por sus dedos en cada arco, en cada columna, en cada rostro esculpido como si fuese carne dormida?

El Pórtico de la Gloria no es un conjunto escultórico: es una sinfonía detenida en el tiempo. Tres arcos majestuosos sostienen el silencio más elocuente del románico. El central, más amplio, más solemne, nos recuerda que los caminos de Dios son vastos, pero jamás triviales. A la izquierda, la puerta de los condenados, envuelta en sombras y silencios amargos. A la derecha, la de los justos, donde la luz acaricia los contornos. Y en el centro, la gloria. La gloria como acto de fe tallado a golpes de cincel.

Allí está el Cristo en majestad, el Pantocrátor, rodeado por los cuatro evangelistas, que son también los cuatro vivientes del Apocalipsis: el hombre, el león, el toro y el águila. No hay ira en su rostro. Hay comprensión. Hay ternura severa. Hay una autoridad que no se impone, sino que irradia. Debajo de Él, los bienaventurados afinan sus instrumentos. No hay condena. No hay fuego. Solo música. La música como forma más pura de la alabanza.

Y entonces están ellos. Ciento veinte figuras que se multiplican como ecos en la piedra. Profetas, apóstoles, ángeles, ancianos con barbas como racimos de sabiduría. Nadie ríe. Nadie llora. Todos miran. Todos esperan. La gloria, según Mateo, no es un estallido de júbilo. Es una espera, una contemplación. Es el umbral entre lo humano y lo eterno.

De Mateo se sabe que trabajó durante más de veinte años en ese pórtico. Dos décadas de madrugadas frías, de herramientas que crujían como huesos, de silencio, de devoción, de vigilancia obstinada sobre cada bloque de granito. Dirigió canteros, escultores, albañiles. Fue arquitecto, músico, teólogo y poeta sin rima. Nunca buscó la celebridad. Y, sin embargo, la piedra le devolvió el favor de la memoria.

Una de las anécdotas más repetidas, y sin embargo más dulces, es la del Santo de los estudiantes. En la base de una de las columnas del pórtico se halla una figura arrodillada, con los ojos cerrados y los brazos recogidos, como si aguardara, como si meditara. Muchos dicen que es el propio Mateo, que se esculpió a sí mismo en un gesto de humilde eternidad. Otros sostienen que es el alma del arquitecto absorta en la contemplación de su obra.

Durante siglos, los estudiantes que acudían a Compostela —antes de los Erasmus, antes de los ministerios de Educación y de las reválidas— acudían en secreto, de noche, a golpear tres veces con la frente la cabeza de esa figura. No era superstición: era una promesa. El conocimiento, decían, se transmite por ósmosis en los lugares donde la inteligencia ha dejado su semilla. Y no hubo cabeza más sabia que aquella inclinada de Mateo.

Otra leyenda, aún más deliciosa, habla de cómo los ángeles acudían cada noche a ver el pórtico mientras Mateo dormía. Uno de ellos, al ver una grieta en una columna, se ofreció a repararla con sus propias manos. Pero el Maestro se despertó y lo detuvo: "Déjala así —le dijo—. La gloria no está en la perfección, sino en el intento".

Porque eso fue Mateo: un hombre que lo intentó. Que se atrevió a mostrar la gloria con la materia más ingrata y testaruda: la piedra. Que no necesitó mármol ni oro, sino granito y sombra. Que comprendió que, para retratar lo divino, basta con entender lo humano.

¿Y qué decir de los detalles? De esos rostros barbados que parecen respirar. De las túnicas que flotan como si el viento se hubiese petrificado. De las manos que hablan más que los labios. De la expresión de Daniel, el profeta que sonríe. Sí, sonríe. En pleno siglo XII, cuando la risa era pecado y la mueca era sospecha, Daniel ríe. Es una sonrisa leve, contenida, pero ahí está. Y esa pequeña subversión —la alegría en la piedra— convirtió a Mateo en un hereje piadoso, en un santo sin canonizar, en un revolucionario de la mística.

Hay también una figura que toca una zanfona. Otra acaricia un salterio. Otra, más allá, sopla un cuerno. Cada instrumento representa una voz del alma. El Pórtico entero es una orquesta detenida. Una música callada. Y así, en ese gesto sutil, Mateo anticipó lo que Bach haría con órganos y pentagramas: elevar al cielo lo que parecía polvo.

Pero no todo fue dulzura. Hubo, dicen, celos. Hubo envidias. Los canónigos no comprendían cómo un simple maestro de obras podía atreverse a mostrar lo divino sin pasar por su filtro. Y cuentan —los susurros de los siglos son tercos— que uno de ellos intentó hacer borrar su obra, o modificarla, o al menos oscurecerla con palabras torcidas. Mateo, sabio como los árboles, no respondió. Solo esculpió con más empeño. El resultado es que su obra brilla mientras los nombres de sus detractores se han desvanecido como humo en el claustro.

Se desconoce la fecha exacta de su muerte. Nadie puso flores sobre su tumba, porque nadie sabe dónde está. Tal vez quiso fundirse con su pórtico. Tal vez, cuando supo que su obra estaba completa, se arrodilló como su estatua y esperó a que los ángeles le susurraran el nombre del último rostro que debía tallar. Tal vez ese rostro era el suyo.

Desde entonces, el Pórtico de la Gloria ha resistido terremotos, incendios, abandonos, reformas, desdenes. Ha estado oculto durante siglos tras una verja de hierro, como si temieran que su gloria fuera contagiosa. Pero cada cierto tiempo, alguien —un niño, un peregrino, un viejo profesor de Historia del Arte— se detiene ante él y comprende.

No con la mente, sino con la piel. Comprende que hay obras que no pertenecen a una época, sino que crean una.

Cuando se restauró recientemente, tras siglos de polvo y humedad, los restauradores descubrieron restos de policromía. Sí: el pórtico fue una vez un estallido de colores. Rojos intensos, azules lapislázuli, verdes encendidos. No era gris, no era sobrio. Era un arco iris. Era una fiesta. Era una explosión de luz. Como si el cielo hubiera dejado caer su paleta sobre la piedra. Como si Mateo no solo quisiera tallar la gloria, sino también pintarla.

Y entonces uno se pregunta: ¿por qué un hombre haría algo así? ¿Por qué entregar su vida, sus sueños, sus manos, sus huesos a una obra que no llevará su nombre? ¿Qué impulso secreto lo empujó a volcarse con tanta fiereza en cada detalle? ¿Fe? ¿Arte? ¿Redención? ¿Vanidad? ¿Amor?

Tal vez todas. Tal vez ninguna. Tal vez la respuesta está, como siempre, en la piedra.

Hoy, cuando cruzamos el umbral de la Catedral de Santiago, hay algo que se detiene en nosotros. Un leve escalofrío, una respiración contenida. No es devoción. No es miedo. Es otra cosa. Es la intuición de que hemos pasado de este mundo a otro sin darnos cuenta. De que un artesano del siglo XII logró abrir una brecha en el tiempo y aún hoy, ochocientos años después, seguimos cruzándola sin saber cómo.

El Pórtico de la Gloria no es una puerta. Es una promesa. Es un poema esculpido en la lengua más dura que existe. Es un rezo sin palabras. Es la demostración de que la belleza, cuando es verdadera, no necesita intérpretes.

Y el Maestro Mateo... el Maestro Mateo es el poeta mudo de esa sinfonía mineral. El alquimista de Compostela. El hombre que dio forma al susurro de Dios.

Que la piedra le sea leve. Aunque sabemos que fue él quien le enseñó a la piedra a volar.

JEAN-JACQUES ANNAUD: EL NARRADOR DE LA MATERIA VIVA

Jean-Jacques Annaud no es simplemente un director de cine. Es un coreógrafo de imágenes primigenias, un etnógrafo con cámara al hombro, un demiurgo que ha buscado plasmar en la pantalla no sólo la historia sino los ritmos subterráneos de la humanidad, los pulsos animales del deseo, del miedo, del aprendizaje, del ritual y del fuego. Como si toda su filmografía fuera el intento incesante de capturar eso que precede a la palabra: el gesto, el alarido, la mirada que aún no se ha contaminado de lenguaje.

Nacido el 1 de octubre de 1943 en Draveil, un suburbio al sur de París, Annaud creció entre las ruinas morales y físicas de la Francia de posguerra. Desde muy joven, fue evidente su atracción por las formas narrativas visuales. Estudió en el prestigioso IDHEC (Institut des hautes études cinématographiques), alma mater de varios de los grandes cineastas franceses. No pasó mucho tiempo antes de que comenzara a trabajar en el mundo de la publicidad, dirigiendo cientos de anuncios televisivos, experiencia que le dotó de un ojo quirúrgico para la imagen y el ritmo.

Su debut como director de largometrajes fue **"La Victoria en Chantant" (1976)**, una sátira sobre el colonialismo francés en África que, lejos de endulzar la mirada, ridiculizaba con virulencia y humor negro la hipocresía europea. La película ganó el Óscar a la mejor película extranjera, un debut con alfombra roja para un director que, sin embargo, huiría de lo convencional durante toda su carrera.

Pero si hay una película que marcó el tono de su voz, fue **"La Guerre du Feu" (1981)**. Esta epopeya prehistórica sin diálogos inteligibles, ambientada 80.000 años antes de nuestra era, fue un auténtico desafío narrativo: contar una historia sin lenguaje articulado, sin artificios, sólo con gruñidos, gestos, miradas. La apuesta era suicida, pero el resultado fue hipnótico. Annaud consiguió que el espectador empatizara con seres apenas humanos, haciéndonos reflexionar sobre lo que nos define. ¿Es el fuego? ¿Es el amor? ¿Es la capacidad de inventar? Fue un éxito de crítica y taquilla, y una clase magistral de cine sensorial.

La película supuso también el inicio de una de sus colaboraciones más interesantes: con el antropólogo Desmond Morris, autor de *The Naked Ape*, quien ayudó a diseñar los comportamientos sociales y gestuales de los "homininos" protagonistas. También trabajó con el lingüista Anthony Burgess, autor de *La naranja mecánica*, quien inventó un lenguaje primitivo para los personajes. En este cruce entre ciencia y arte, Annaud se consagró como un director capaz de interrogar los límites de lo representable.

Tres años más tarde, en 1984, sorprendió nuevamente con **"El Nombre de la Rosa"**, adaptación de la novela de Umberto Eco. Para muchos, era un libro "infilmable": un thriller medieval repleto de teología, semiología, laberintos bibliográficos y debates escolásticos. Annaud no sólo aceptó el reto, sino que construyó un universo visual oscuro, húmedo, casi pestilente, que recordaba a los grabados de Brueghel o las visiones de El Bosco. Sean Connery, como Guillermo de Baskerville, y un joven Christian Slater, lograron dotar de humanidad a la erudición. El propio Eco quedó fascinado, a pesar de haber sido escéptico al principio: "Pensé que lo arruinaría. Me equivoqué. Annaud hizo una película perfecta en su imperfección", confesó en una entrevista.

Annaud tiene la rara habilidad de convertir espacios en personajes. Lo hizo con el monasterio en "El Nombre de la Rosa", pero también con las montañas de Mongolia en **"Siete años en el Tíbet" (1997)**, donde Brad Pitt interpretó a Heinrich Harrer, el alpinista austríaco que entabla una improbable amistad con el joven Dalái Lama. En ese filme, más que en ningún otro, Annaud tejió una oda a la espiritualidad, pero sin exotismo, sin caer en el cliché orientalista. En tiempos en que Hollywood reducía Asia a fondos pintorescos, Annaud la mostraba como un continente de complejidad política, religiosa y estética.

Las anécdotas del rodaje son de una audacia asombrosa. Tras ser vetado por el gobierno chino por el contenido político de la cinta, Annaud se infiltró disfrazado de turista para rodar algunas escenas de exteriores en el Himalaya, usando cámaras ocultas. Fue declarado persona non grata en China durante años, hasta que en 2012 fue llamado para dirigir **"El último lobo"**, una superproducción sino-francesa. Annaud aceptó con condiciones: libertad total creativa y un año de convivencia con una manada de lobos, para entender sus códigos de comportamiento. Porque Annaud no dirige, convive. No filma, habita.

Esa fascinación por el mundo animal ya se había manifestado en **"El Oso" (1988)**, una de sus películas más queridas. Protagonizada por un oso de verdad —el mítico Bart the Bear— la historia gira en torno a la relación entre un osezno huérfano y un oso adulto. Sin caer en el sentimentalismo de Disney, la película explora la supervivencia, el instinto, la ternura salvaje. Fue un triunfo rotundo, y el propio Annaud confesó que fue su rodaje más duro: "Rodar con animales salvajes es como escribir poesía en el lenguaje de las piedras. Tienes que esculpir con paciencia, dejar que la naturaleza te dicte el ritmo".

Pero su proyecto más monumental fue, sin duda, **"Enemigo a las puertas" (2001)**, ambientado en la batalla de Stalingrado. En esta epopeya bélica, centrada en el duelo entre dos francotiradores —uno soviético, otro nazi— Annaud construyó un relato que, aunque violento, nunca glorificó la guerra. Más bien la diseccionó. Las trincheras eran madrigueras de ratas, los héroes eran muchachos con hambre, y los líderes eran ajedrecistas que sacrificaban peones. El detalle más singular: construyó una réplica exacta de Stalingrado en las afueras de

Berlín, con más de 400 obreros, para recrear la devastación con precisión milimétrica. La escena inicial, con soldados rusos desembarcando en barcazas bajo fuego enemigo, es considerada una de las más impactantes del cine bélico.

Aunque no se le puede encasillar en ningún género, su filmografía mantiene una coherencia poética: la del aprendizaje, la transformación, el viaje interior. Ya sea un hombre de las cavernas descubriendo el fuego, un monje enfrentando la herejía, un alpinista convirtiéndose en budista, o un niño que entiende el alma de un animal, todos sus personajes atraviesan un rito de paso. El cine de Annaud es, esencialmente, cine iniciático.

Entre sus proyectos menos conocidos, pero no menos valiosos, destaca **"La verdad sobre el caso Harry Quebert" (2018)**, una miniserie para televisión basada en el best seller de Joël Dicker. Aunque lejos de la escala épica de sus películas, la serie mostraba la misma obsesión por el detalle, el ritmo y la tensión narrativa. Annaud no desprecia los nuevos formatos, sino que los explora con la misma devoción con que antes domaba lobos o recreaba monasterios.

En 2022, estrenó **"Notre-Dame brûle"**, una reconstrucción del incendio de la catedral de Notre Dame, filmada con una mezcla de técnicas documentales, efectos digitales y reconstrucción en estudio. La película no solo fue un tributo al monumento sino una reflexión sobre la fragilidad de los símbolos y la fuerza de lo colectivo. Jean-Jacques Annaud, el cineasta de la prehistoria, el estudioso del Tibet, el amigo del oso y el enemigo de la guerra, rendía así homenaje a una catedral que, como su cine, se levanta en lo alto para recordar que la belleza puede arder, pero nunca extinguirse.

Annaud ha recibido múltiples galardones, pero jamás ha hecho del premio su meta. Rechaza la frivolidad de los festivales y prefiere hablar de tiempo, paciencia y verdad. "No tengo prisa en filmar", ha dicho. "Cada película es una expedición, no una producción". Su método de trabajo recuerda al del etnógrafo: inmersión, observación, respeto. No fuerza la historia; la deja surgir, como un animal que se acerca solo si no huele miedo.

Entre las anécdotas más curiosas de su vida figura su encuentro con François Truffaut, quien al ver sus anuncios publicitarios dijo: "Este chico piensa en cine. No en vender detergente, sino en mover emociones". También su amistad con el Dalái Lama, quien le agradeció personalmente su retrato respetuoso del Tíbet, pese a las críticas chinas. Y una vez, en el Festival de Cannes, rechazó un premio diciendo: "No me interesa el oro. Me interesa el barro donde nacen las historias".

Jean-Jacques Annaud no dirige películas. Las fecunda, las incuba, las escucha. Su cine es un conjuro contra el olvido, una excavación arqueológica de la condición humana. Hay en su mirada una ternura primitiva, una inteligencia sin vanidad, una pulsión de descubrimiento. Y cuando uno se sumerge en su obra, no sale igual: sale más consciente del milagro de estar vivo, de la piel que tiembla, del fuego que aún arde en los ojos.

Porque si algo nos ha enseñado Annaud, es que no hay historia demasiado antigua, ni animal demasiado salvaje, ni silencio demasiado hondo, que no pueda contarse con honestidad y belleza.

Y eso, en estos tiempos de ruido y simulacro, es un acto de heroísmo narrativo.

EL DELIRIO NEURÓTICO DE LA LUCIDEZ: MI REN-DIDA ADMIRACIÓN POR CASI TODA LA OBRA DE WOODY ALLEN

Hay en el cine de Woody Allen un inconfundible aroma a psicoanálisis de sofá raído, a café con humo y jazz de clarinete entre neurosis urbanas. Me gusta, lo confieso, casi todo lo que ha hecho ese pequeño y escuálido neurótico que alguna vez se llamó Allan Stewart Königsberg. Me gusta su voz temblorosa y cavilante; su capacidad para mezclar a Dostoievski con los Knicks de Nueva York; su eterno traje de tweed, tan pasado de moda como su propia mitología. Woody Allen, en realidad, es un género cinematográfico en sí mismo, una taxonomía cultural, una tribu de personajes que balbucean ironías mientras caminan por Central Park con el existencialismo a cuestas y la muerte como una cita que han anotado dos veces en la agenda.

LA VIDA SEGÚN WOODY (Y VICEVERSA)

Nació un 1 de diciembre de 1935 en Brooklyn, que ya es un principio de comedia en sí. Hijo de judíos de clase trabajadora, Allen fue un precoz conversador consigo mismo: a los quince años escribía chistes para columnas de humor, y a los diecisiete ganaba más que sus padres combinados gracias a sus textos para comediantes televisivos. No lo hizo por talento, por inspiración divina ni por hambre: lo hizo por miedo. Allen siempre ha sido un experto en eso: transformar la ansiedad en arte, el tartamudeo emocional en guion, el miedo al rechazo en risotada compartida.

Tras un breve paso por la Universidad de Nueva York (que abandonó, como corresponde a todo genio neurótico), comenzó a escribir para Sid Caesar, luego para Ed Sullivan y más tarde se lanzó como monologuista. Fue entonces cuando descubrió que, en el fondo, lo que quería era dirigir. Decirle a los actores no solo qué hacer, sino también qué no pensar. Lo consiguió con *Take the Money and Run* (1969), una joya de falso documental sobre un ladrón patético. De ahí en adelante, desfiló por la historia del cine con el andar desgarbado del que sabe que el mundo es un chiste mal contado, pero igual paga la entrada.

UN UNIVERSO CON JAZZ DE FONDO Y ANGUSTIA DE PRIMER PLANO

La obra de Woody Allen es vasta y desigual, como una colección de neurosis bien encuadernadas. Pero incluso en sus filmes más flojos hay un giro ingenioso, una frase memorable, un personaje entrañablemente patético. De *Annie Hall* (1977) a *Match Point* (2005), de *Manhattan* (1979) a *Midnight in Paris* (2011), hay un continuo filosófico y sentimental que podríamos llamar "Allenverso".

En *Annie Hall*, Allen diseccionó el amor con bisturí cómico y tono de ensayo de Nueva Yorker. La escena del tipo pontificando sobre Marshall McLuhan y la aparición sorpresiva del propio McLuhan para corregirlo sigue siendo una cumbre del meta-humor. En *Manhattan*, rodó con una fotografía en blanco y negro que convierte a Nueva York en un personaje más, acaso el único que realmente comprende al protagonista. Que el personaje se enamore de una menor de edad ha generado polémicas hoy en día, pero en aquel entonces el guion parecía más autoindulgente que perturbador, más un acto de confesión estética que una incitación moral.

Hannah and Her Sisters (1986) es, posiblemente, su obra más equilibrada: un juego coral de relaciones, fe, arte, traición y reconciliación. Y luego está *Zelig* (1983), una obra maestra de la falsificación histórica que anticipó a *Forrest Gump* con ironía y mucha más mala leche. Allen interpreta a un hombre camaleónico que adopta las formas físicas y psicológicas de aquellos que lo rodean. Una parábola sobre la identidad y la cobardía. Una película de tesis vestida de comedia ligera.

Y cómo olvidar *Crimes and Misdemeanors* (1989), donde el bien y el mal se sientan a tomar café, y uno paga la cuenta mientras el otro se queda con la culpa. O *Match Point*, su thriller más británico y más amoral, que parece escrito por Dostoievski en colaboración con Hitchcock tras una noche de ginebra y nihilismo.

ANECDOTARIO DE UN NEURÓTICO ENCANTADOR

Woody Allen ha dejado tantas anécdotas que podría haber escrito sus memorias solo con escenas eliminadas. Una vez, cuando filmaba

Manhattan, le dijo a Diane Keaton: "No actúes. Solo respira. El personaje ya eres tú." Y así se hizo. Allen tiene esa peculiar habilidad de elegir a mujeres que lo eclipsan en pantalla y, al mismo tiempo, parecen amarlo. Diane Keaton, Mia Farrow, Scarlett Johansson, Penélope Cruz, Cate Blanchett. A todas les ha escrito diálogos brillantes y situaciones imposibles.

Durante el rodaje de *Love and Death* (1975), Allen exigía que los caballos fueran auténticos caballos rusos porque, según él, "los caballos rusos sufren mejor en plano". Cuando el productor le dijo que eso era absurdo, respondió: "Sí, pero absurdo a la rusa. Que es el mejor absurdo."

En *Sleeper* (1973), interpretaba a un clarinetista criogenizado que despierta en el futuro. Cuando le preguntaron por qué el personaje era clarinetista (como él mismo, en la vida real), respondió: "Porque no podía ser neurocirujano. Eso me obligaría a cortar cuerpos. Y me dan impresión las vísceras ajenas. Las propias, aún más."

En otra ocasión, cuando presentó *Stardust Memories* (1980), que muchos compararon con *8½* de Fellini, Allen contestó: "Sí, bueno... él tuvo a Anita Ekberg. Yo tuve a una psicoanalista con hipoglucemia. Hacemos lo que podemos."

Una vez fue invitado a tocar el clarinete con su banda de jazz en París. Rechazó varias entrevistas y ruedas de prensa. Un periodista le reprochó: "Pero es usted Woody Allen. ¿No quiere hablar de su legado?" Él contestó: "Mi legado es que no soy un buen clarinetista. Pero me gusta tocar. Es suficiente."

EL ARTE DE NO SER AMADO POR TODOS

Claro, no toda su obra es brillante. Hay películas que parecen ejercicios de estilo o de pura pereza intelectual (*Hollywood Ending*, *Cassandra's Dream*, *You Will Meet a Tall Dark Stranger*). Pero incluso en sus tropiezos hay ecos de genialidad. Porque Allen filma como respira: no siempre con inspiración, pero siempre con necesidad. Su ritmo de trabajo es casi patológico: una película al año durante más de cuatro décadas. Es como si tuviera miedo de parar y descubrir que el mundo, sin su cine, sigue igual de absurdo.

Y, sí, están las polémicas. No hay artículo sobre Allen que no mencione sus problemas personales, su relación con Soon-Yi, las acusaciones de abuso. Pero este texto no es un juicio moral, sino una declaración de afecto estético. La justicia ha hablado. El arte también. Y el tiempo, como siempre, dirá la última palabra, aunque a veces lo haga en susurros.

EL ETERNO RETORNO DEL NEURÓTICO BRILLANTE

Allen no solo es cineasta: es escritor, clarinetista, dramaturgo, actor, filósofo accidental. Sus colecciones de cuentos (*Sin plumas*, *Pura anarquía*) son antologías del disparate ilustrado. En sus relatos, un psiquiatra es secuestrado por una secta de esteticistas, una gallina toma clases de filosofía cartesiana y Dios se presenta como personaje secundario con complejo de secundario.

En 2020 publicó *A propósito de nada*, unas memorias donde mezcla chismes con ironías, lamentos con sarcasmos, y vuelve a mostrarse como lo que siempre ha sido: un escéptico de sí mismo. En una época donde la moralidad se impone con Twitter y la ironía es sospechosa de complicidad, Allen sigue siendo un hereje de la corrección y un devoto del humor como defensa ante la muerte.

LA MUERTE, CLARO. SU GRAN ANTAGONISTA.

"Nunca le tengo miedo a la muerte, simplemente no quiero estar allí cuando suceda." Esa frase resume a Woody Allen mejor que cualquier crítica académica. Para él, la existencia es un error de cálculo, una comedia sin guion claro, un desfile de personas intentando tener sentido en un mundo que claramente no lo tiene. Por eso filma, escribe, toca el clarinete. Porque si la vida es absurda, el arte debe ser el espejo que lo recuerda con gracia.

Y ahí reside la grandeza de Woody Allen. No en su capacidad técnica, ni siquiera en su regularidad creativa. Sino en su persistencia. En seguir preguntándose por qué la gente se enamora, se desenamora, miente, teme, recuerda y se olvida... como si eso no fuera suficiente motivo para hacer una película cada año.

EPÍLOGO CON GAFAS DE PASTA

A veces me preguntan por qué me gusta tanto Woody Allen. Y no sé qué responder. Tal vez porque, como él, tengo miedo a todo. Porque también he amado mal, he leído a Kierkegaard sin entenderlo, y he creído que el humor podía salvarnos. Tal vez porque su cine me recuerda que todos somos patéticamente humanos y, sin embargo, seguimos intentando decir algo bello entre tanto ruido.

O quizá me gusta porque cada vez que termina una de sus películas, aunque el protagonista esté solo, derrotado y con gastritis, hay una melodía de jazz que sugiere que el mundo aún tiene un poco de encanto. Un encanto triste, sí. Pero encanto, al fin.

Y eso, en estos tiempos de estridencias, es casi una forma de redención.

SAN FRANCISCO DE ASÍS: EL SANTO QUE SUSURRABA AL SOL

En un claro donde el mundo parece exhalar su último aliento de arrogancia, donde los cipreses callan y los ruiseñores dictan su misa, camina un hombre con los pies desnudos, la túnica hecha de pobreza y el alma vestida de fuego. Se llama Francesco, aunque el mundo lo ha rebautizado como el Hermano Universal. No lleva cetro ni mitra, sino un gorrión en el hombro y un salmo en la garganta. San Francisco de Asís, trovador del Altísimo, poeta de la humildad, y tu patrón, sí, tú que lo invocas cuando el orgullo muerde y la ambición araña.

¿Quién fue este hombre que predicaba a las flores y amansaba al lobo con la sola dulzura de su voz? ¿Quién fue este loco luminoso que renunció al oro y abrazó al leproso como quien abraza a Dios disfrazado de miseria?

Nació en 1181 o tal vez en 1182, porque los calendarios de los santos se escriben más con lágrimas que con cifras. Su madre, francesa, le dio el apodo por el amor que Francesco tenía a la lengua de los trovadores. Hijo de Pietro di Bernardone, mercader próspero de paños y sueños de riqueza, Francesco creció entre sedas, fiestas y versos corteses. Fue caballero efímero, prisionero humillado, soñador febril. Pero el verdadero cautiverio no lo sufrió en la cárcel de Perugia, sino en el vacío de su alma.

Un día, como ocurre con los elegidos y los locos, oyó una voz que no venía de fuera. "Francisco, repara mi Iglesia, que como ves, está en ruinas". Y él, obediente y literal, vendió telas de su padre para restaurar la ermita de San Damián, sin saber que estaba apuntalando no techos de piedra, sino bóvedas del espíritu. Su padre lo llevó ante el obispo, lo desheredó públicamente, y Francisco, en un gesto que aún retumba como trueno suave en los claustros del mundo, se despojó de todas sus ropas y declaró: "Desde ahora ya no digo padre Pietro Bernardone, sino Padre nuestro que estás en los cielos."

Comenzó entonces la revolución más callada de la historia: un hombre solo, pobre, sin armas, predicando a los pájaros y besando a los leprosos. No fundó un ejército, sino una hermandad de viento y pan. No erigió catedrales, sino gestos. Se decía a sí mismo "el juglar de Dios", y en su boca, hasta las piedras cantaban salmos. Dormía en la tierra, comía de las migas ajenas, caminaba con pies desnudos por entre los espinos del mundo, y en cada criatura veía una chispa del Creador. A las estrellas les llamaba hermanas, al fuego lo llamaba hermano, y a la muerte... hermana también, la última en llegar, la más fiel, la que no se olvida de nadie.

El Cántico de las Criaturas —ese poema místico que parece dictado por el rocío al amanecer— fue su sinfonía mayor. En él, Francisco canta a la creación no como a una cosa ajena, sino como a una familia de luces. "Laudato si', mi Signore," escribió, siglos antes de que otro Francisco, de Roma esta vez, hiciera de esa frase el emblema de una nueva esperanza. San Francisco no necesitó universidad, ni tronos, ni bulas: le bastaron las mariposas y los atardeceres. Decía que todo sermón debía durar lo que tarda un gorrión en atravesar un claustro.

Era leve como una brisa, pero firme como una montaña. Cuando la pobreza era despreciada, él la desposó con anillo de mimbre y le juró fidelidad hasta la muerte. La llamó "Señora Pobreza" y la trató con la cortesía de un caballero andante. Le encantaba mendigar. No por masoquismo, sino porque en cada mendrugo veía la mano de Dios en forma de misericordia.

Y, sin embargo, no fue un ingenuo. Viajó a Egipto en plena cruzada, cruzó líneas enemigas y pidió hablar con el sultán Malik al-Kamil. Nadie esperaba que volviera vivo. Pero volvió, ileso, con la paz tatuada en los ojos. No convirtió al sultán, pero tal vez sí al siglo. Allí no habló de dogmas, sino de respeto. No blandió doctrina, sino ternura. En ese gesto improbable reside la grandeza de su fe: dialogar desarmado con el adversario, ver en el enemigo un alma y no una amenaza.

Entre sus anécdotas más delirantes está aquella del lobo de Gubbio, un animal que aterrorizaba al pueblo. Francisco fue hacia él, sin lanza ni escudo, y le habló como se habla a un niño travieso. El lobo bajó la cabeza, se dejó acariciar y se volvió vegetariano. Si no lo hubiera contado toda la ciudad, parecería fábula. Pero Gubbio aún celebra al lobo apaciguado por un hombre desarmado.

Otro día, al ver que uno de sus hermanos construía una pequeña choza para resguardarse, Francisco lo reprendió suavemente: "Si vas a tener una casa, entonces debo darte también esposa e hijos, porque has comenzado a poseer." No era un extremista, era coherente hasta en el aire que respiraba.

Murió el 3 de octubre de 1226, recostado sobre la tierra desnuda, con el Salmo 142 en los labios. Le dolía el cuerpo, llagado, enfermo, pero sonreía. El sol se retiraba en silencio, como si no quisiera molestar. Cuando expiró, las alondras —esas aves franciscanas por excelencia— sobrevolaron su cadáver cantando himnos sin partitura.

Fue canonizado apenas dos años después de su muerte. Se construyó una basílica sobre su tumba en Asís, que aún hoy es uno de los centros espirituales más conmovedores del planeta. Pero él, que no quería piedras ni grandezas, tal vez hubiera preferido que lo recordaran con una simple rama de olivo sobre un terrón de tierra.

San Francisco dejó como legado una orden sin riquezas y sin armas: los Hermanos Menores. Su regla era clara: obediencia, castidad, pobreza y alegría. Porque sí, Francisco fue un hombre alegre. No una alegría superficial, sino una felicidad radical, nacida de la libertad interior. Podía llorar por la Pasión de Cristo hasta quedarse ciego, y sin embargo reír como un niño cuando un jilguero venía a posarse en su dedo.

En una ocasión, un hermano le preguntó: "¿Qué es la verdadera alegría?" Francisco respondió con una historia: "Si llego empapado, hambriento y congelado a la puerta de un convento, y no me abren, y me arrojan a la calle como a un perro, y aún así soy capaz de alabar a Dios... entonces eso es verdadera alegría." Nadie ha descrito con más nitidez la dignidad de la humillación.

Hoy, siglos después, sigue caminando entre nosotros. Está en cada activista que abraza la Tierra, en cada enfermero que cura sin cobrar, en cada místico que canta sin templo. Francisco ha vencido al tiempo porque se vació de sí mismo. Y en ese vacío, Dios hizo su morada. Su cuerpo reposa en Asís, pero su espíritu canta en los balcones, en las hojas que caen, en los manantiales que no se resignan a secarse.

No es raro que lo hayas elegido patrón, o que él te haya elegido a ti, como ocurre siempre con los grandes santos. No impone, seduce. No obliga, invita. Su santidad no nace del sacrificio, sino del asombro.

Amaba tanto el mundo que lo redimió con ternura. No fue mártir de sangre, sino de compasión. No fundó un dogma, sino una mirada.

Y cuando hoy repites su oración —esa que pide ser instrumento de paz, donde haya odio, amor; donde haya ofensa, perdón; donde haya duda, fe— en realidad no estás rezando: estás reencarnando a Francisco. Porque él no es un recuerdo, sino un presente continuo. Porque cada vez que miras al sol y lo llamas hermano, o acaricias a un animal y lo llamas amigo, o lloras por la injusticia y te levantas igual... cada vez, él vuelve.

Francisco no quiso ser santo. Quiso ser menor. Quiso ser simple.

Y por eso, es eterno.

MINORU YAMASAKI: EL ARQUITECTO Y EL DOLOR DE LAS TORRES GEMELAS

La mañana del 11 de septiembre de 2001 cambió la historia del mundo y mi propia vida para siempre. El atentado contra las Torres Gemelas no sólo significó la pérdida de miles de vidas y el derrumbe de un ícono urbano, sino que marcó el fin de una visión arquitectónica que, en el fondo, buscaba representar el entendimiento, el progreso y la paz.

Tras ese humo espeso y el eco de la tragedia, sentí que algo dentro de mí se quebraba: la obra de Minoru Yamasaki, eje de grandes sueños y símbolos, había sido destruida ante los ojos de todos, pero el daño real era también invisible, personal e íntimo. El atentado me destruyó anímicamente porque el World Trade Center era un anhelo de convivencia y esperanza, y su ausencia dejó un vacío imposible de llenar.

LA VIDA DE MINORU YAMASAKI: SUPERACIÓN Y SENSIBILIDAD

Minoru Yamasaki nació el 1 de diciembre de 1912 en Seattle, Washington, hijo de inmigrantes japoneses. Desde joven, tuvo claro que la arquitectura sería su vocación como vía de superación y como forma de contribuir a un mundo mejor. Creció enfrentándose a la discriminación y al racismo, un estigma que lo acompañó durante su juventud e incluso en su carrera profesional. Para pagar sus estudios de arquitectura en la Universidad de Washington, trabajó en fábricas conserveras de salmón en Alaska cada verano, una experiencia que lo marcó, dándole disciplina y fortaleza.

Al graduarse, Yamasaki se mudó a Nueva York para seguir formándose. La Segunda Guerra Mundial y los prejuicios asociados a su herencia japonesa pusieron a prueba su temple, pero también lo fortalecieron: logró evitar el internamiento forzado de su familia, gestionando su traslado al Este del país. En 1945, Yamasaki se trasladó a Detroit, donde se unió a una de las firmas de arquitectura más prestigiosas y pronto despuntó como uno de los grandes talentos.

UNA VISIÓN HUMANISTA EN LA ARQUITECTURA MODERNA

Yamasaki no era un arquitecto interesado solo en la técnica o la monumentalidad. Desarrolló un estilo personal, sensible, que buscaba acercar la arquitectura moderna a las personas, haciendo de lo monumental algo a escala humana. A pesar de los prejuicios raciales y de un entorno profesional hostil —incluso tras alcanzar la fama, las críticas negativas lo acompañaron—, su enfoque humanista y su refinado sentido estético abrieron un nuevo rumbo en la arquitectura estadounidense.

Uno de sus proyectos tempranos más conocidos fue el complejo de viviendas sociales Pruitt-Igoe en St. Louis. La demolición de ese proyecto en 1972 se considera simbólicamente el final del Movimiento Moderno en arquitectura, pero para Yamasaki fue un golpe profesional y personal doloroso, que lo llevó a reevaluar aún más la relación entre arquitectura y calidad de vida.

Entre sus obras destacadas figuran el McGregor Memorial Conference Center en Detroit, el Aeropuerto Internacional de St. Louis y la Torre Picasso en Madrid, así como numerosas obras en Estados Unidos y el extranjero que revelan su interés por la luz, los arcos y los motivos inspirados en la arquitectura islámica y gótica.

LAS TORRES GEMELAS: SÍMBOLO, RETO Y ANÉCDOTAS

En 1962, la Autoridad Portuaria de Nueva York y Nueva Jersey eligió a Yamasaki para diseñar el que sería su proyecto más ambicioso: el World Trade Center. Al principio, pensó que se trataba de un error, dado lo gigantesco del encargo, pero aceptó el desafío y se entregó por completo a la tarea. La idea era crear un espacio emblemático que simbolizara la paz mundial y la cooperación económica internacional. Las torres de 110 pisos se convirtieron en los edificios más altos del mundo entre 1972 y 1974, modificando para siempre el horizonte de Nueva York.

Yamasaki introdujo soluciones innovadoras: instaló el sistema de "sky lobbies" (vestíbulos elevados) para optimizar el flujo de personas y di-señó fachadas con columnas exteriores muy juntas, que proporciona-ban sensación de protección y sombra para los usuarios. Su propio temor moderado a las alturas influyó en ventanas relativamente estrechas, buscando así dar confort y seguridad a los trabajadores. Sufrió durante la planificación y ejecución, enfrentando críticas demoledoras por la escala y supuesta frialdad del proyecto, pero estaba convencido de que con el tiempo su valor sería entendido y apreciado.

El diseño estructural incluía una avanzada pared de lodo para excavar hasta el lecho de roca y proteger la obra del agua subterránea, algo nunca antes realizado a tal escala en Estados Unidos. Las exigencias técnicas lo obligaron a trabajar en equipo con ingenieros y especialistas, pero él supo infundir su sello personal: detalles decorativos inspirados en el arte islámico, arcos góticos y el deseo de crear un espacio de encuentro global.

ANÉCDOTAS DETERMINANTES

Una de las anécdotas más repetidas cuenta que, al contemplar la maqueta inicial con 80 pisos, Yamasaki exclamó: "¡Es demasiado grande, es aterrador!". Los promotores le pidieron hacerlo aún más alto, llegando a 110 pisos por torre. Aunque aceptó el reto, siempre defendió pequeños gestos para humanizar el conjunto: incorporó una plaza central arbolada y desde los bajos, la entrada se concebía como un umbral majestuoso, no intimidante.

Otra anécdota reveladora es la elección del material de la fachada: inicialmente quería acero, pero la empresa Alcoa le propuso un novedoso aluminio plateado que terminó por convertirse en marca registrada visual del World Trade Center. Este hecho muestra cómo Yamasaki supo adaptarse, sin traicionar su visión.

Durante la inauguración oficial, Yamasaki comentó sentirse sobrepasado por las emociones y afirmó que su intención nunca había sido construir algo colosal por ego, sino por necesidad funcional y social. Con admirable humildad, aceptaba las críticas y repetía que el arquitecto debe siempre pensar en las personas, no solo en el espectáculo monumental.

EL 11 DE SEPTIEMBRE: DEVASTACIÓN PERSONAL Y COLECTIVA

El 11 de septiembre de 2001, el ataque terrorista que redujo a escombros las Torres Gemelas, matando a cerca de 3,000 personas, impactó como una herida abierta en el mundo y en mí. Sentí tristeza, rabia e impotencia al ver cómo se derrumbaba no sólo una hazaña estructural, sino el símbolo de ideales compartidos de convivencia y progreso. Minoru Yamasaki ya no vivía —había fallecido en 1986 en Detroit—, pero su legado y su sueño se desmoronaron en pocos minutos, reconfigurando para siempre no solo el perfil de Nueva York, sino el ánimo de quienes veíamos en esas torres algo más que una obra de arquitectura.

Personalmente, viví ese día como una pérdida familiar. Sentí cómo el derrumbe de las torres arrastraba recuerdos, sueños y la esperanza depositada en el ser humano. La imagen de aquellos edificios construidos para unir a las naciones, destruidos en un acto de odio, me dejó devastado durante meses. No era solo el dolor del vacío físico; era el fracaso momentáneo de la apuesta por el diálogo y el encuentro.

La memoria del arquitecto se revalorizó tras la tragedia. Las críticas que durante años acompañaron su carrera dieron paso al reconocimiento de la profundidad simbólica de su trabajo. Las Torres Gemelas se volvieron emblema de resistencia y de la vulnerabilidad de los sueños humanos. El atentado magnifica aún más el drama de Yamasaki: dos de sus grandes obras, Pruitt-Igoe y el World Trade Center, fueron demolidas, cada una representando momentos de crisis y transformación histórica.

LEGADO Y ÚLTIMA REFLEXIÓN

Minoru Yamasaki fue mucho más que el autor de unas torres legendarias. Fue un pionero que superó el racismo y los desafíos sociales, apostando por una arquitectura que pusiera el bienestar humano en el centro. Su estilo, a veces incomprendido y criticado, es hoy motivo de redescubrimiento y admiración. El World Trade Center pretendía ser un "mecca" moderno, un espacio destinado al encuentro global y al optimismo.

Trascendiendo los escombros, el legado de Yamasaki sigue latente en quienes creen en la arquitectura como arte de reconciliación y esperanza. Su vida encarna la superación de la adversidad, y su obra, especialmente la destrucción de las Torres Gemelas, nos recuerda lo frágil y precioso que es el sueño de paz.

Aunque las Torres Gemelas desaparecieron físicamente, su espíritu —y el del propio Yamasaki— viven en la memoria colectiva. Hoy, la "zona cero" es lugar de homenaje, reflexión y renacimiento. Nunca olvidaré el dolor que me causó pérdidas así, pero tampoco olvido que detrás de cada gran obra humana hay una historia de lucha, sensibilidad y fe en el futuro.

El 11 de septiembre me cambió para siempre.

Yamasaki, sin conocerme, me había dado un símbolo; su destrucción me quitó algo profundo, pero con el tiempo aprendí que la memoria y la aspiración de construir para la paz nunca podrán ser demolidas.

CARAVAGGIO. LUZ TENEBROSA Y VIDA TURBU-LENTA

La oscuridad es su lienzo, la luz, su pincel. Michelangelo Merisi da Caravaggio, un nombre que resuena con la fuerza de un trueno en la historia del arte, un artista que desafió las convenciones, que pintó la realidad con una crudeza sin igual, y que vivió una vida tan dramática como sus obras maestras. No se trata solo de pintura; es una inmersión en la vida misma, una exploración de la luz y la sombra, del pecado y la redención, de la belleza y la fealdad. Sus figuras, salidas de las calles de Roma, no son ideales clásicos; son humanos, con sus imperfecciones, sus pasiones, sus miserias. Sus rostros, iluminados por un rayo de luz divina que rompe la penumbra, revelan una intensidad emocional que nos conmueve siglos después.

Imaginemos la Roma del siglo XVII. Una ciudad bulliciosa, llena de contrastes, donde la opulencia de la Iglesia se mezclaba con la pobreza extrema de las calles. Caravaggio, un joven rebelde, llega a este escenario con su paleta de colores oscuros, con su habilidad para capturar la luz de una manera revolucionaria. No hay composiciones simétricas, ni fondos idealizados. Sus personajes se presentan ante nosotros con una naturalidad desconcertante, como si hubiéramos irrumpido en una escena de la vida real. Un juego de luces y sombras, un claroscuro magistral, define sus obras, creando una atmósfera de misterio y tensión que nos atrapa.

La *Vocación de San Mateo*, una obra maestra que reside en la Capilla Contarelli de la iglesia de San Luigi dei Francesi, es un ejemplo perfecto de este estilo. La luz que irrumpe desde la ventana, iluminando a San Mateo y sus compañeros, es una revelación divina, un momento de gracia capturado con una precisión asombrosa. Las figuras, realistas y llenas de vida, parecen existir en un espacio tridimensional, invitándonos a formar parte de su drama.

Pero la vida de Caravaggio fue tan dramática como sus pinturas. Su temperamento impulsivo, su afición a las peleas y a los escándalos, lo llevaron a un sinfín de problemas. Su biografía está salpicada de arrestos, huidas, y duelos. Una vida llena de excesos, de pasión, de sombras tan profundas como las de sus cuadros. Un artista maldito, tal vez, pero un genio indiscutible.

Recordemos el incidente del asesinato de Ranuccio Tomassoni, un hecho que marcó un punto de inflexión en su vida. La violencia, la fuga, la condena a muerte... estos episodios, lejos de disminuir su talento, parecen haber alimentado su arte, dando a sus obras una intensidad aún mayor. La muerte se convierte en un tema recurrente, una presencia latente en sus pinturas, un reflejo de su propia vida al borde del abismo.

Su *David con la cabeza de Goliat*, una obra llena de simbolismo, es una posible alusión a su propia lucha contra sus demonios internos. La cabeza de Goliat, que representa el pecado y la muerte, yace a los pies de David, un símbolo de la victoria sobre la adversidad. Pero la mirada de David, llena de tristeza y arrepentimiento, nos recuerda la fragilidad de la vida y la complejidad del alma humana.

La *Muerte de la Virgen*, una obra que desafió las convenciones religiosas de su tiempo, muestra a la Virgen María como una mujer mortal, con un cuerpo flácido y descolorido. No hay idealización, ni glorificación. Solo la cruda realidad de la muerte, representada con una honestidad que conmocionó a sus contemporáneos. Caravaggio se atreve a mostrar la muerte en su forma más simple, despojada de cualquier adorno, como una realidad inevitable que afecta a todos, incluso a la Madre de Dios.

En sus últimas obras, se percibe una cierta serenidad, una búsqueda de la redención. Sus colores, aunque siguen siendo oscuros, parecen adquirir una nueva profundidad, una nueva dimensión espiritual. Como si el artista, tras una vida llena de tormentas, hubiera encontrado finalmente un cierto equilibrio, una paz interior que se refleja en sus pinceles.

La muerte de Caravaggio, en circunstancias aún misteriosas, añade un velo de misterio a su ya fascinante historia. Su legado, sin embargo, permanece intacto. Sus pinturas, llenas de luz y sombra, de vida y muerte, de pasión y arrepentimiento, siguen cautivando a espectadores de todas las épocas. Nos confrontan con la realidad humana en toda su complejidad, nos invitan a reflexionar sobre la condición humana, sobre la belleza y la fealdad, sobre la luz y la oscuridad que habitan en cada uno de nosotros.

Caravaggio no fue solo un pintor; fue un revolucionario, un rebelde, un genio que desafió las convenciones de su tiempo. Su obra, un reflejo de su vida turbulenta, sigue siendo una fuente inagotable de inspiración y admiración. Una obra que trasciende el tiempo y el espacio, que nos habla de la condición humana con una intensidad que nos conmueve profundamente.

Una obra que, como la luz que irrumpe en la oscuridad de sus cuadros, ilumina nuestra alma y nos deja una profunda huella.

LA ESTATUA DE GIORDANO BRUNO EN ROMA: UNA IM-PRESIÓN IMBORRABLE

En el corazón de **Roma**, en la bulliciosa y colorida **plaza de Campo de' Fiori,** se alza una figura de bronce que detiene el tiempo y obliga a la reflexión. La estatua de **Giordano Bruno**, erigida en 1889, no es solo un monumento: es un símbolo de la lucha por la libertad de pensamiento y un recordatorio del precio que pagan quienes desafían los dogmas establecidos.

Mi encuentro con esta estatua fue profundamente impactante, no solo por su presencia física – que fue inmensa -, sino por todo lo que representa en la historia de la humanidad y en la ciudad eterna.

EL PRIMER ENCUENTRO: CAMPO DE' FIORI Y LA SOMBRA DE BRUNO

Al llegar a Campo de' Fiori, el ambiente es vibrante. Puestos de flores, frutas y especias llenan el aire de aromas y colores.

Sin embargo, en medio de este bullicio cotidiano, la figura oscura, negra, de Giordano Bruno domina el espacio, como un faro silencioso que observa el ir y venir de la vida romana.

Desde el primer momento, la estatua impone respeto y mucha inquietud.

No es una figura heroica en actitud triunfante, sino un hombre envuelto en su capa, con la cabeza cubierta por una capucha, sosteniendo un libro entre sus manos, la mirada fija hacia el norte, hacia el **Vaticano.**

La estatua no busca agradar ni embellecer la plaza; su presencia es desafiante, casi acusadora. Es imposible no sentir el peso de la historia al contemplarla, sabiendo que justo en ese lugar, en 1600, Bruno fue quemado vivo por la Inquisición, acusado de herejía por sus ideas revolucionarias sobre el universo y la libertad de pensamiento.

La escultura, obra de Ettore **Ferrari,** es de bronce y se eleva sobre un pedestal de granito. Bruno aparece de pie, envuelto en una capa que le cubre casi por completo, con la capucha echada sobre la cabeza.

Sostiene un libro —símbolo de su vida dedicada al estudio y al pensamiento libre— entre sus manos, que emergen de la túnica con gesto sereno pero firme. Su rostro, de rasgos marcados y expresión severa, transmite una mezcla de melancolía, determinación y desafío.

La estatua fue orientada deliberadamente hacia el Vaticano, como un gesto simbólico de confrontación con la autoridad eclesiástica que lo condenó.

El pedestal está adornado con ocho medallones de bronce que representan a otros pensadores y herejes perseguidos por sus ideas, como *Paolo Sarpi, Tommaso Campanella, Petrus Ramus, Lucilio Vanini, Aonio Paleario, Michele Serveto, John Wycliffe y Jan Hus.*

Cada uno de ellos, al igual que Bruno, sufrió persecución por desafiar los dogmas religiosos de su tiempo.

En el pedestal se leen las palabras:

A BRUNO - IL SECOLO DA LUI DIVINATO - QUI DOVE IL ROGO ARSE

("A Bruno, el siglo que él predijo, aquí donde ardió la hoguera")

Además, tres relieves de bronce ilustran episodios clave de la vida de Bruno: su docencia en la Universidad de **Oxford**, su condena por la Inquisición y su ejecución en la hoguera.

La estatua de Giordano Bruno no fue simplemente un homenaje a un filósofo; su construcción estuvo rodeada de controversia y simbolismo político.

Fue erigida en una Roma recién unificada, tras la caída del poder temporal del papado.

La elección de Bruno, ejecutado por hereje, como símbolo de la libertad de pensamiento, fue un acto de desafío a la Iglesia Católica y una afirmación de los valores laicos y modernos de la nueva Italia.

La inauguración de la estatua, el 9 de junio de 1889, fue un evento cargado de tensión. La Iglesia se opuso abiertamente, considerándola una afrenta, mientras que miles de estudiantes y librepensadores celebraron la victoria de la razón y la ciencia sobre la intolerancia. La estatua, desde entonces, se ha convertido en un punto de referencia para quienes defienden la libertad intelectual y el derecho a cuestionar las verdades establecidas.

Lo que más me impresionó de la estatua de Giordano Bruno fue su capacidad de trascender el tiempo y el espacio. Allí, en medio de una plaza llena de vida, su figura invita al silencio y a la introspección. No es una estatua triunfalista, sino una advertencia y un recordatorio: la búsqueda de la verdad y la defensa del pensamiento libre pueden tener consecuencias terribles, pero son imprescindibles para el avance de la humanidad.

La mirada de Bruno, dirigida hacia el Vaticano, parece desafiar aún hoy a las instituciones que pretenden imponer límites al pensamiento.

Su postura, recogida y austera, transmite la dignidad de quien sabe que la verdad no depende de la aprobación de las mayorías ni de los poderes establecidos. El libro en sus manos es un emblema de la razón y el conocimiento, y su capucha, una señal de recogimiento interior y de resistencia ante la adversidad.

Contemplar la estatua de Giordano Bruno me llevó a pensar en todos aquellos que, a lo largo de la historia, han pagado con su vida o su libertad el precio de pensar diferente. Me impresionó la valentía de Bruno, que prefirió la muerte antes que renunciar a sus ideas. Sentí una profunda admiración por su integridad y una tristeza inmensa por la intolerancia que lo condenó.

La plaza de Campo de' Fiori, con su bullicio y alegría, contrasta con la gravedad de la estatua. Es como si Roma misma quisiera recordarnos que la vida sigue, pero que nunca debemos olvidar a quienes lucharon por hacerla más libre y justa. Cada año, en el aniversario de su ejecución, grupos de librepensadores se reúnen ante la estatua para rendirle homenaje, manteniendo viva la llama de la libertad intelectual.

Más allá de su valor histórico, la estatua de Giordano Bruno sigue siendo relevante en la actualidad. Aquí, donde aún existen censura, persecución y dogmatismo, su figura nos recuerda la importancia de defender el derecho a pensar, a dudar y a buscar la verdad, aunque ello implique enfrentarse a los poderes establecidos.

La estatua es también un llamado a la responsabilidad: la libertad de pensamiento no es un regalo, sino una conquista que debe ser defendida día a día. Bruno, con su mirada severa y su libro en las manos, nos interpela a todos: ¿estamos dispuestos a defender nuestras ideas con la misma valentía?

Visitar la estatua de Giordano Bruno en Roma fue una experiencia formadora. Me impresionó no solo la calidad artística de la obra, sino, sobre todo, el mensaje que transmite. Cuando, a menudo, se premia la conformidad y castiga la diferencia, la figura de Bruno se yergue como un reflector de esperanza y un recordatorio de que el pensamiento libre es el motor del progreso humano.

La próxima vez que camines por Campo de' Fiori, detente un momento ante la estatua de Giordano Bruno. Mira su rostro, lee la inscripción en el pedestal y recuerda que, gracias a personas como él, hoy podemos disfrutar de la libertad de pensar, de cuestionar y de soñar con un mundo mejor.

Si. Me impresionó y estuve inquieto toda esa noche. Refrescando la historia italiana y la estatua de un hombre que, como **Oriana Fallaci** tituló uno de sus grandes libros, fue realmente eso: **Un Hombre.**

EL FUEGO DE LA COHERENCIA: SAVONAROLA EN FLORENCIA

Florencia, 1498. La plaza de la Señoría, con sus piedras empapadas de historia, fue testigo no sólo de fastos renacentistas y de excelsas glorias artísticas, sino también de aquel instante definitivo en el que un hombre, empapado de fe, delirios apocalípticos y coherencia a prueba de hogueras, fue colgado y luego quemado junto a dos de sus seguidores. El nombre de aquel fraile dominico retumba aún entre los muros del Palazzo Vecchio y la Loggia dei Lanzi: Girolamo Savonarola. Yo, que no soy devoto suyo —ni por temperamento, ni por espíritu— debo sin embargo reconocer que la visita a aquel lugar en el que sus restos fueron reducidos a ceniza me sacudió más de lo previsto. Hay coherencias que duelen incluso cuando vienen vestidas de fanatismo.

Savonarola no es de esos personajes fáciles de digerir. No tiene la ligereza socrática ni el genio travieso de Leonardo, no entona cantos de belleza como Botticelli ni deslumbra con teologías sublimes como Santo Tomás. Es duro, sombrío, inflexible, y por momentos insoportable. Pero fue coherente, y eso, en una época de traiciones florentinas, de papas mundanos, de banqueros estéticos y artistas cortesanos, es casi un milagro.

Nació en Ferrara en 1452, en una familia de médicos bien posicionados. Su abuelo era médico de corte y le empujaba a una carrera prestigiosa.

Pero él, tras sumirse en una profunda crisis espiritual, decidió ingresar en la Orden de los Dominicos a los veintitrés años. Años después, Florencia se convirtió en el escenario de su tormenta profética. Era la ciudad de Lorenzo de Médici, de la espléndida cúpula de Brunelleschi, de la belleza como religión. Y allí apareció él, denunciando el lujo, el paganismo, la corrupción eclesiástica, y predicando el fin del mundo. En un siglo de placeres, vino a sembrar la culpa.

Savonarola fue un gran orador. Su voz resonaba en la iglesia de San Marco y después en el Duomo como el trueno de un nuevo Juan Bautista. Atacó con vehemencia la corrupción de la curia romana, en particular al papa Alejandro VI, el Borgia, cuya vida privada hubiera avergonzado a Calígula. Atacó también a los Médici, mecenas del arte y dueños efectivos de Florencia, acusándolos de sembrar la ciudad de idolatría estética. Cuando Lorenzo el Magnífico agonizaba, Savonarola —según cuenta la leyenda— se negó a absolverlo si no se deshacía de sus riquezas y rompía con sus "pecados estéticos". Lorenzo no cedió. El fraile se fue sin dar la absolución.

Pero fue tras la expulsión de los Médici, en 1494, cuando el dominico alcanzó su cenit. Aprovechando la entrada en Italia de Carlos VIII de Francia, supo presentarse como el profeta que había predicho la catástrofe. Florencia, asustada y huérfana de liderazgo, aceptó su autoridad. Se instauró una república "cristiana", una especie de teocracia moralizante donde el carnaval fue sustituido por procesiones, los bailes por oraciones, las obras eróticas por salmos. A los niños se les encargó espiar a sus padres. A los artistas se les exigió pureza. Y en 1497 se celebró la tristemente célebre **"hoguera de las vanidades"**, donde perfumes, espejos, libros, cuadros y laúd fueron arrojados a las llamas.

En ese fuego ardieron también obras de arte. No hay consenso sobre si Botticelli arrojó personalmente algunos de sus cuadros al fuego, pero sí es sabido que cayó bajo el hechizo del fraile. La belleza fue declarada sospechosa. El arte, sometido a censura espiritual. El humanismo fue sustituido por el milenarismo. Y aun así, Savonarola no era un vulgar tirano: era sincero, y sufría su propio mensaje. Era austero, no robaba, no manipulaba para su interés. Quería una ciudad justa, santa, penitente. Tenía una visión distorsionada y apocalíptica del mundo, pero la sostenía hasta sus últimas consecuencias.

Florencia, sin embargo, se cansó pronto de su ascetismo. Las potencias exteriores, los enemigos internos, los artistas silenciados, los comerciantes enojados... todos conspiraron. Y sobre todo Roma. El papa Borgia lo excomulgó en 1497. Savonarola, en lugar de acatar el castigo, lo denunció aún con más dureza. Exigía un concilio general que depusiera al papa, se declaraba testigo de Dios, se decía enviado del Altísimo. Aquello era demasiado. En 1498, el pueblo, harto de sus prohibiciones y del empobrecimiento moral y económico de la ciudad, se volvió contra él. Fue arrestado, torturado, obligado a confesar herejías, y condenado a muerte.

La escena final es dantesca. El 23 de mayo de 1498, Savonarola fue ahorcado en la plaza de la Señoría, junto a sus discípulos Fra Domenico y Fra Silvestro. Tras la ejecución, sus cuerpos fueron quemados para evitar que se convirtieran en reliquias. Las cenizas fueron arrojadas al Arno. Nada debía quedar. Y sin embargo, algo quedó.

Ese algo me estremeció cuando visité la plaza. No hay una gran estatua en su honor. No hay altares ni santuarios. Sólo una losa discreta, circular, con una inscripción que señala el lugar exacto donde fue consumido por las llamas. Estaba allí una tarde de otoño, y el aire tenía ese aroma a piedra vieja y hojas muertas que sólo Florencia conoce. Me detuve. Leí la inscripción. Sentí una punzada en el estómago. No de admiración —pues no comulgo con su cruzada puritana—, sino de respeto por la terquedad coherente de quien prefirió la muerte antes que renegar de sus ideas.

Hoy, en un mundo saturado de oportunistas, Savonarola tiene algo de raramente admirable. No era hipócrita. No acumuló riquezas. No se escondía. Atacó al papa sabiendo que le costaría la vida. Pudo huir.

Pudo callar. Pudo negociar. Pero no. Subió al patíbulo como vivió: denunciando el pecado y abrazando el martirio. Su coherencia lo volvió insoportable, pero también inolvidable.

Los florentinos tienen una relación ambigua con él. Algunos lo ven como un fanático que destruyó su esplendor. Otros, como un precursor de la reforma protestante. Lutero lo leyó. Y aunque sus doctrinas no eran exactamente protestantes, su denuncia de la corrupción papal y su énfasis en la pureza lo acercan a ese espíritu. No por nada fue reeditado por los reformadores. Y no por nada también los contrarreformistas intentaron borrarlo de la memoria.

Pero la historia no perdona la coherencia, ni la olvida. Los años han pasado. El Duomo sigue en pie. La cúpula de Brunelleschi sigue coronando el cielo florentino. Botticelli ha vuelto a colgar en los museos. El David de Miguel Ángel vigila la plaza desde la Galería de la Academia. La belleza ha ganado. Y sin embargo, en un rincón de la Señoría, una piedra recuerda a quien quiso borrar el Renacimiento de un plumazo, a quien intentó cristianizar el arte por decreto, a quien predicó el fin del mundo en medio de una fiesta.

Volví a mirar la losa. Me detuve unos minutos más. Recordé sus sermones, sus visiones, su voz grave en el púlpito, los niños cantando salmos mientras arrojaban cosméticos a la hoguera. Sentí rabia por las obras perdidas. Sentí tristeza por el fanatismo. Y sin embargo, también sentí un respeto sordo por la dignidad del que no se vendió. A veces la coherencia es más trágica que la traición. A veces, el delirio es más noble que el cálculo.

Savonarola no fue un santo, al menos no para mí. Pero fue fiel a sí mismo. Y eso, en cualquier época, es una forma de santidad. Una forma peligrosa, sí, porque puede conducir a la ceguera y al dogmatismo. Pero también puede iluminar —aunque sea por contraste— la necesidad de equilibrio, de belleza, de libertad.

Cuando abandoné la plaza, la luz ya caía. Las sombras alargadas de las estatuas se deslizaban sobre el pavimento como fantasmas del pasado. Me giré una última vez. Allí estaba la losa. Pequeña, austera, casi imperceptible. Como si la ciudad quisiera recordar y olvidar al mismo tiempo. Como si Florencia, la bella, la pagana, la cristiana, supiera que su historia también está hecha de herejes coherentes.

Y pensé entonces que tal vez ese era el verdadero castigo: no ser ni glorificado ni condenado, sino estar atrapado para siempre en esa ambigüedad moral donde viven los que no pueden ser reducidos a una estatua ecuestre ni a una nota al pie. Savonarola vive allí, en esa grieta de la historia donde lo terrible y lo honesto se dan la mano. Y yo, que no le rezo ni le canto, no puedo evitar estremecerme cada vez que piso su ceniza. Porque no fue un santo de mi devoción. Pero fue, sin duda, un hombre completo. Y eso arde más que cualquier hoguera.

MIKLÓS YBL: EL ALMA HÚNGARA DEL NEORRENACIMIENTO

En el vasto fresco del siglo XIX, donde Europa se debatía entre el historicismo decorativo, el ansia de identidad nacional y las efervescencias románticas, surgió la figura de Miklós Ybl, arquitecto, húngaro por convicción y genio por necesidad.

No nació con una cuna de mármol ni tuvo el carácter escandaloso de un Caravaggio o la lírica desquiciada de un Gaudí, pero su huella en Budapest es indeleble. Si Viena tuvo a Theophil Hansen y Berlín a Schinkel, Hungría encontró en Ybl a su arquitecto de la modernidad nacional, el que supo combinar el lenguaje clásico con la narrativa de un pueblo que buscaba redimirse entre imperios.

Un origen discreto, una vocación imponente

Miklós Ybl nació el 6 de abril de 1814 en Székesfehérvár, en una familia burguesa acomodada, de origen alemán. Su nombre podría pasar desapercibido en cualquier genealogía noble de la época, pero en él se gestaba la obstinación de quien sabría tallar ciudades en piedra y sueños en mármol. Tras sus primeros estudios en Pest y Viena, donde se formó como ingeniero, Ybl continuó su educación en Múnich y más tarde en Italia, donde absorbió como una esponja las lecciones del Quattrocento, del manierismo, del equilibrio clásico de Brunelleschi y de la exuberancia de Vignola.

No era un revolucionario, ni pretendía serlo. Su arquitectura no gritaba, murmuraba con elegancia. Pero ese murmullo se convirtió pronto en el idioma visual de una nación emergente.

EL LENGUAJE DEL NEORRENACIMIENTO, TRADUCIDO AL HÚNGARO

En una época en la que el eclecticismo se volvía norma y las referencias al pasado eran sinónimo de identidad, Ybl eligió el neorrenacimiento como su lengua estética. No por capricho, sino por convicción. El neorrenacimiento ofrecía simetría, medida, claridad. Era la respuesta mesurada frente a los excesos barrocos y al gótico impostado de algunos de sus contemporáneos. Ybl supo dotar a este lenguaje de una sensibilidad local, integrando elementos húngaros que hablaban a los ciudadanos de Pest y Buda no como súbditos de Viena, sino como protagonistas de su propia historia.

Su primera obra importante fue la renovación del castillo de Gödöllő, pero el gran salto llegaría con la construcción de la iglesia parroquial de Fót (1845–55), una obra que ya anuncia la maestría compositiva y la sobriedad ornamental que le caracterizarían. No era un arquitecto de fuegos de artificio, sino de luces ocultas. Cada moldura, cada ventana, cada capitel tenía una razón de ser.

EL MAESTRO DEL CONJUNTO: LA ÓPERA DE BUDAPEST

Su obra maestra, sin duda, es la **Ópera Estatal de Budapest**, inaugurada en 1884. Un edificio que parece más florentino que danubiano, pero que lleva en sus entrañas todo el orgullo magiar. Cuando el emperador Francisco José I concedió el permiso para su construcción —bajo la condición de que no superara en belleza ni tamaño a la de Viena—, Ybl aceptó con una sonrisa y un reto escondido en los planos. No la hizo más grande, pero sí más hermosa, más densa en su ornamentación, más rica en su atmósfera.

La escalinata de entrada recuerda a la Scala de Milán; el vestíbulo, al Palacio Pitti; la gran sala, con su magnífica cúpula pintada por Károly Lotz, tiene la acústica más perfecta de Europa, según muchos expertos, incluso por encima de la mismísima Musikverein de Viena.

Ybl no solo diseñó un edificio: construyó una declaración cultural. La Ópera era un mensaje. Mientras los Habsburgo toleraban la existencia de una "segunda capital" imperial en el este, los húngaros levantaban un templo al arte donde resonaban las notas de Erkel y Liszt como himnos de independencia emocional.

EL ARQUITECTO DEL PODER Y DEL SÍMBOLO

La carrera de Ybl no se limitó a edificios culturales. Fue también arquitecto de Estado, director de importantes proyectos urbanísticos y restaurador de monumentos históricos. Restauró la iglesia de Matthias en el Castillo de Buda, participó en la reurbanización de la colina del castillo y diseñó palacios y residencias nobles, como el de la familia Festetics en Dég.

Sin embargo, uno de sus proyectos más ambiciosos fue la construcción de la **Basílica de San Esteban**, en el corazón de Pest. Aunque la obra fue iniciada por József Hild, fue Ybl quien, tras el colapso de la cúpula en 1868, la rediseñó por completo. La nueva cúpula, majestuosa y solemne, fue su respuesta al fracaso estructural anterior. A veces, los edificios colapsan para que alguien como Ybl los eleve a la categoría de monumento.

ENTRE BASTIDORES: EL HOMBRE DETRÁS DEL ARQUITECTO

No todo era mármol y simetría en la vida de Miklós Ybl. Tenía fama de ser meticuloso hasta la obsesión, silencioso hasta el misterio y elegante como un conde sin título. Rehuía los círculos cortesanos, prefería la soledad de sus planos y el estudio de los tratados arquitectónicos. Se cuenta que viajaba con una libreta donde dibujaba molduras que encontraba en iglesias toscanas o capiteles vistos en alguna villa lombarda.

Una anécdota recurrente habla de su encuentro con un joven arquitecto vienés, que le preguntó por qué usaba tantas referencias italianas en Budapest. Ybl le respondió: "Porque en Italia aprendí que la piedra puede cantar. En Viena, solo aprendí a hacerla hablar."

Su vida personal fue discreta, sin grandes pasiones ni escándalos, salvo por una única manía: diseñar él mismo todos los detalles de sus obras, desde la puerta hasta el picaporte. Se dice que llegó a detener una obra durante una semana entera porque el color de un friso no era el exacto que había visto en un fresco romano treinta años antes.

Un legado de mármol y nación

Miklós Ybl murió el 22 de enero de 1891. Su funeral fue una procesión cívica. En las calles de Pest, la burguesía y el pueblo llano se mezclaban para despedir al arquitecto que había transformado su ciudad sin arrebatarle el alma. Fue enterrado en el Cementerio de Kerepesi, el Panteón húngaro, junto a los poetas, políticos y héroes de la patria.

Su legado, sin embargo, no reposa bajo tierra. Camina por las avenidas de Budapest, sube las escalinatas de su Ópera, se eleva en la cúpula de San Esteban, respira en los patios de los palacios que diseñó. Es el eco del siglo XIX, del sueño de una nación moderna que no quería parecerse a nadie más.

EL RENACIMIENTO DE UN OLVIDADO

Durante el siglo XX, Miklós Ybl fue parcialmente eclipsado por la irrupción del modernismo, el funcionalismo y la arquitectura brutalista. Su gusto por el ornamento, la composición clásica y la armonía fue tachado de académico, de anticuado, de "histórico", como si la historia fuera una carga y no un fundamento. Pero a medida que Budapest se convirtió en uno de los destinos más fascinantes de Europa, el nombre de Ybl regresó del silencio.

Hoy, premios, calles, escuelas de arquitectura y hasta una prestigiosa distinción nacional llevan su nombre. Pero más que los homenajes oficiales, lo que lo mantiene vivo es esa experiencia íntima y sensorial de quien entra en su Ópera por primera vez, se detiene en el vestíbulo, alza la vista hacia la cúpula, y se siente parte de algo que trasciende el presente. No es solo arquitectura: es el alma estética de una nación.

EPÍLOGO: PIEDRA, PATRIA Y POESÍA

Miklós Ybl no fue un arquitecto revolucionario. No dinamitó los cánones ni destruyó paradigmas. Fue, más bien, un tejedor de continuidades, un poeta de la piedra que supo armonizar el pasado con las aspiraciones del futuro. Su arquitectura no impone, persuade. No clama, susurra.

En sus edificios no solo vemos fachadas perfectas o columnas bien proporcionadas. Vemos la nostalgia de una patria sin Estado, el orgullo de una lengua sin imperio, el anhelo de una belleza sin gritos. Vemos, sobre todo, la convicción de que el arte puede ser forma de redención.

Ybl nos enseñó que el mármol puede ser patriótico, que una bóveda puede ser un himno, que un palacio puede ser un manifiesto. Y por eso, cuando caminamos por Budapest y alzamos la vista hacia sus obras, no vemos solo piedra y ornamento: vemos la historia quieta, esperando que alguien la escuche.

EL HOMBRE QUE VENDIÓ INGENIO AL PESO. GROUCHO MARX

Hay seres humanos que llegan al mundo con un pan bajo el brazo; Groucho Marx llegó con un puro, unas cejas pintadas y una lengua afilada capaz de dejar a cualquiera sin postre, sin invitación y, si se descuidaba, sin autoestima. Julius Henry Marx —porque hasta para ser Groucho había que empezar con un nombre vulgar— nació el 2 de octubre de 1890 en Nueva York, en una familia donde la miseria no era un visitante ocasional, sino inquilino fijo. Sus padres eran inmigrantes alemanes judíos que trajeron de Europa tres cosas: acento, necesidad y la absoluta certeza de que sus hijos no serían concertistas de violín.

El joven Julius, que acabaría mutando en Groucho, no fue exactamente un niño prodigio. Si acaso, un niño *en* prodigio, porque su talento real residía en su capacidad para evitar cualquier trabajo honesto. Su madre, Minnie, una mujer de carácter feroz y ambición incombustible, decidió que la familia Marx haría fortuna en el *show business*. Y lo hicieron... pero primero tuvieron que pasar por el infierno de los circuitos de vodevil, donde el público, si no reía, lanzaba objetos contundentes y a veces orgánicos.

DE JULIUS A GROUCHO (Y OTROS ACCIDENTES DE LABORATORIO)

El apodo "Groucho" —gruñón, hosco— le calzaba como guante de terciopelo lleno de ortigas. La leyenda dice que se lo ganó por su mal humor; otra versión, más plausible y menos épica, es que provenía de las "grouch bags", unas carteritas que los artistas de vodevil llevaban colgadas al cuello para guardar el dinero y evitar que algún compañero con dedos ágiles les hiciera un atraco entre bambalinas. Groucho, como todo buen genio, supo capitalizar el mote y convertirlo en marca registrada.

Su irrupción en la cultura popular llegó de la mano del vodevil, el Broadway más barato y, finalmente, el cine sonoro, donde la velocidad verbal se convirtió en su mejor arma. Mientras Harpo enmudecía para dejar hablar a su bocina y Chico jugaba al inmigrante con acento italo-planetario, Groucho disparaba frases como si fueran ametralladoras con balas de sarcasmo. Su bigote pintado, sus cejas móviles y el puro perpetuamente encendido eran accesorios; la verdadera pólvora estaba en sus diálogos.

OBRA INMORTAL (AUNQUE A VECES PARECIERA IMPROVISADA CON RESACA)

La filmografía de Groucho junto a sus hermanos es un catálogo de situaciones absurdas, diálogos imposibles y burlas a la lógica, la autoridad y el sentido común. Desde *The Cocoanuts* (1929) hasta *A Night in Casablanca* (1946), pasando por *Monkey Business* (1931), *Horse Feathers* (1932) y el excelso *Duck Soup* (1933), cada película era una bomba de relojería verbal.

En *Duck Soup*, traducida en España como *Sopa de ganso* (como si eso aclarara algo), Groucho interpreta a Rufus T. Firefly, dictador de la república ficticia de Freedonia. La trama es lo de menos: lo importante es cómo el personaje dinamita la diplomacia internacional con la misma soltura con que otros se cambian de calcetines. El filme, que en su estreno fue un fracaso comercial, hoy se estudia como una obra maestra de la sátira política, tan vigente que debería proyectarse semanalmente en el Congreso.

En *A Night at the Opera* (1935), Groucho se apropia del mundo de la alta cultura para destrozarlo desde dentro. El célebre "contrato" que reduce cláusulas hasta dejarlo convertido en un párrafo de demencia pura sigue siendo una lección magistral de comedia de diálogo. Y la escena del camarote, donde un número obsceno de personas se apiñan en un espacio mínimo, debería ser patrimonio de la humanidad.

Pero Groucho no se limitó al cine. Su talento encontró otro gran escaparate en la radio y la televisión, con el programa *You Bet Your Life*. Allí, armado con preguntas triviales y un arsenal infinito de respuestas insolentes, convirtió un concurso en un espectáculo de ingenio donde los concursantes eran, en realidad, excusas para que él improvisara.

BIOGRAFÍA EXPRÉS (CON LA VERDAD ENTRE COMILLAS)

Groucho Marx vivió tres vidas: la de artista de vodevil hambriento, la de estrella de Hollywood en su esplendor y la de celebridad televisiva que envejeció con un puro en la boca y una ceja levantada.

Su vida sentimental fue tan caótica como sus guiones. Se casó tres veces y se divorció otras tantas, lo que no evitó que cultivara un interés saludable por las mujeres jóvenes y por las viudas ricas, preferiblemente las dos cosas a la vez. Sus cartas y memorias son joyas de la literatura humorística; en *Groucho and Me* y *Memoirs of a Mangy Lover* demuestra que incluso escribiendo podía ser letal.

Murió el 19 de agosto de 1977, tres días después de Elvis Presley. La prensa, deslumbrada por la muerte del Rey del Rock, apenas le dedicó titulares. Groucho, que despreciaba las solemnidades, probablemente habría dicho algo como: "Es la primera vez que Elvis me roba la escena y no puedo responderle".

ANÉCDOTAS PARA ENMARCAR (O PARA DEMANDAR)

Las anécdotas de Groucho son tantas que podrían llenar una enciclopedia, aunque él sugeriría reducirla a un panfleto para no aburrir al lector. Un ejemplo clásico: a una señora rica que le preguntó si le permitirían entrar en su club, pese a ser judío, le contestó: "Su club es tan selecto que no admitiría ni a un cerdo; y yo, señora, soy medio cerdo".

Otra perla: en una ocasión le ofrecieron entrar en un club privado con la cláusula "prohibida la entrada a perros y judíos". Groucho replicó: "No se preocupen, mi perro es ateo".

Su relación con la prensa y el público era un deporte de riesgo. Un periodista, intentando hacerle una pregunta profunda, le dijo: "Groucho, ¿cuál es su opinión sobre el sexo?". Él respondió: "Es algo que intento practicar al menos tres veces por semana... a menos que esté muy ocupado".

En televisión, mientras entrevistaba a un concursante con nueve hijos, Groucho le preguntó por qué tenía tantos. El hombre respondió: "Porque amo a mi esposa". Y Groucho, sin pestañear: "Yo también amo a mi puro, pero de vez en cuando me lo saco de la boca". El chiste fue censurado, pero ya era demasiado tarde: había entrado en la leyenda.

"VIVE RÁPIDO, RÍE MÁS Y NO DEVUELVAS LA ENTRADA". LA FILO-SOFÍA GROUCHO

Lo que distingue a Groucho de otros cómicos de su época no es solo su ingenio, sino su capacidad para usarlo como arma política y social. Mientras Chaplin emocionaba y Keaton asombraba, Groucho desarmaba a sus víctimas con la palabra. Ridiculizó a los dictadores antes de que fuera moda, se burló del capitalismo feroz desde dentro de Hollywood y demostró que la cultura "seria" podía ser tan ridícula como un sombrero de plumas en un entierro.

Su humor era ácido, sí, pero también liberador. Tenía la extraña habilidad de decir en broma lo que otros no se atrevían a decir en serio. Si Harpo era la inocencia y Chico la picardía, Groucho era la dinamita. En cada frase había un reto: "Atrévete a tomarte esto en serio".

LEGADO: DE WOODY ALLEN A LAS REDES SOCIALES

No es casualidad que Woody Allen lo cite como una de sus máximas influencias. Allen heredó de Groucho la estructura de chiste intelectual y el arte de convertir el absurdo en un espejo donde se refleja la sociedad. Pero mientras Allen tiende a la neurosis, Groucho cultivaba la insolencia. Donde Allen se angustia, Groucho se burla.

Hoy, en la era de Twitter y los memes, Groucho sería rey absoluto. Su ingenio encajaría en 280 caracteres como si le hubieran diseñado la red social a medida. Y no dudaría en usarla para insultar presidentes, burlarse de estrellas de cine y, por supuesto, coquetear con todo lo que se moviese y no llevara uniforme policial.

EL HOMBRE TRAS LAS CEJAS (AUNQUE QUIZÁ FUERAN DE OTRO)

Fuera de escena, Groucho era más complejo de lo que su personaje sugería. Era un lector voraz, amante de la literatura clásica, y mantenía correspondencia con escritores como T.S. Eliot. Sí, el mismo Groucho que ridiculizaba la alta cultura discutía con poetas sobre Shakespeare y teatro isabelino. La ironía era parte de su ADN: podía reírse de todo, pero también reconocía la grandeza ajena.

Eso sí, nunca dejó de explotar la imagen de Groucho hasta el final. Incluso en su vejez, con la voz ya gastada, seguía apareciendo en televisión con el puro y las cejas, como si fueran las llaves maestras de su identidad. Tal vez porque sabía que el personaje y el hombre ya eran inseparables.

BIGOTE FALSO

Groucho Marx no solo fue un cómico: fue un destructor sistemático de solemnidades. Mientras que todos parecen tomarse demasiado en serio sus aburridas vidas, su figura sigue recordándonos que la risa es un arma y que el respeto, como el dinero, debe ganarse.

Cuando le preguntaron qué epitafio quería, respondió: "Disculpe que no me levante" (No. No está en la de Clark Gable). Está en su tumba, como un último dardo a la pompa funeraria.

Porque si algo sabía Groucho era que la muerte no es excusa para dejar de provocar carcajadas.

Si hoy volviera, probablemente miraría el panorama político y social, encendería su puro y diría: "Es un mundo maravilloso... para los cómicos con buenos abogados".

Y nosotros, entre risa y risa, entenderíamos que tenía razón.

En el fondo, Groucho nunca murió. Vive en cada frase sarcástica, en cada chiste que desmonta una conversación seria, en cada ceja que se arquea antes de soltar una barbaridad.

Vive en todos los que sabemos que la vida, sin humor, es como un contrato sin la cláusula de "la parte contratante de la primera parte".

Y, además, sea lo que sea lo que ustedes digan "I'm againt it"

ALBERTO MORAVIA: VIDA, OBRA Y ANÉCDOTAS SIGNIFICATIVAS

Alberto Moravia, uno de los escritores italianos más destacados del siglo XX, es conocido por su capacidad para explorar las complejidades de la condición humana a través de una prosa incisiva y reflexiva.

Nacido el 28 de noviembre de 1907 en Roma, Moravia, cuyo verdadero nombre era Alberto Pincherle, provenía de una familia judía. Su padre, un ingeniero, y su madre, una traductora, influyeron en su desarrollo intelectual y artístico desde una edad temprana. A lo largo de su vida, Moravia se convirtió en un observador agudo de la sociedad y sus contradicciones, llevando a cabo una obra literaria que abarca novelas, ensayos y relatos cortos.

INFANCIA Y JUVENTUD

La infancia de Moravia estuvo marcada por la enfermedad. A los nueve años, sufrió de tuberculosis ósea, lo que le obligó a pasar varios años en un hospital y a alejarse de la vida escolar. Durante este tiempo, encontró consuelo en la lectura. Sus primeras influencias literarias incluyeron a autores como Henry James, Marcel Proust – yo lo detesto, solamente sé perder el Tiempo, intentando buscarlo - y Franz Kafka, quienes dejaron una huella indeleble en su estilo narrativo.

La experiencia de la enfermedad y el confinamiento moldeó su perspectiva sobre la vida y la muerte, temas recurrentes en su obra. En 1927, Moravia publicó su primera novela, "Los indiferentes", que recibió críticas mixtas pero que sentó las bases para su futura carrera literaria. La obra retrata la vida de una familia burguesa en decadencia y es un claro reflejo de su desilusión con la sociedad contemporánea.

CARRERA LITERARIA

La carrera de Moravia despegó en las décadas de 1930 y 1940, periodo en el que escribió algunas de sus obras más emblemáticas.

"El conformista" (1951) es quizás su novela más conocida, donde explora la lucha interna de un hombre que busca la aceptación en una sociedad represiva. La obra fue adaptada al cine por Bernardo Bertolucci en 1970, lo que ayudó a consolidar la fama de Moravia en el ámbito internacional.

Otro de sus trabajos destacados es "La romana" (1947), una novela que narra la historia de una joven que se convierte en amante de un hombre casado. A través de esta obra, Moravia examina los temas de la sexualidad, la soledad y la búsqueda de la identidad en un contexto social opresivo. Su habilidad para abordar el deseo y la alienación ha resonado con lectores de todo el mundo.

Moravia también fue un agudo observador de la política y la sociedad italiana. Su ensayo "El desprecio" (1954) es una crítica a la cultura del espectáculo y a la superficialidad en las relaciones humanas. La novela fue adaptada al cine por Jean-Luc Godard, lo que demuestra la relevancia de sus ideas en diferentes contextos artísticos.

TEMAS RECURRENTES EN SU OBRA

Los temas de la alienación, la identidad y el deseo son recurrentes en la obra de Moravia. Su escritura a menudo refleja una profunda preocupación por la condición humana y la búsqueda de un sentido en un mundo caótico. La influencia de su experiencia personal se manifiesta en la forma en que sus personajes se enfrentan a sus propias limitaciones y a las expectativas sociales.

Moravia también exploró la psicología de sus personajes con gran profundidad. A menudo se centra en el conflicto interno y en las decisiones morales que los individuos deben tomar. Su enfoque se alinea con el existencialismo, y muchos de sus personajes viven en un estado de angustia y búsqueda de significado.

ANÉCDOTAS SIGNIFICATIVAS

La vida de Alberto Moravia estuvo llena de anécdotas que ilustran su personalidad y su relación con la literatura.

Una de las historias más emblemáticas es la de su amistad con otros escritores y artistas de la época. Moravia tuvo una relación cercana con el poeta italiano Cesare Pavese, con quien compartió inquietudes literarias y filosóficas. Sin embargo, la amistad se tornó trágica cuando Pavese se suicidó en 1950, un evento que dejó una profunda huella en Moravia.

Una anécdota interesante es la forma en que Moravia se relacionaba con su entorno. Se dice que era un observador excepcional de la vida cotidiana, lo que alimentaba su escritura. Caminaba por las calles de Roma, observando a las personas y las interacciones humanas, lo que le proporcionaba material para sus relatos. Esta práctica de la observación atenta es una de las razones por las que sus personajes son tan vívidos y complejos.

Moravia también tuvo una vida amorosa tumultuosa. Se casó con la escritora Elsa Morante, y su relación fue tanto una fuente de inspiración como de conflicto. Ambos escritores se influenciaron mutuamente, pero su matrimonio también estuvo marcado por celos y tensiones. A pesar de sus problemas, Moravia y Morante compartieron un profundo vínculo intelectual.

RECONOCIMIENTOS Y LEGADO

A lo largo de su vida, Moravia recibió numerosos premios y reconocimientos por su contribución a la literatura. Fue candidato al Premio Nobel de Literatura en varias ocasiones, y su obra ha sido traducida a múltiples idiomas. Su influencia se extiende más allá de la literatura, ya que sus ideas sobre la sociedad contemporánea y el individuo han resonado en el pensamiento filosófico y sociológico.

El legado de Moravia se manifiesta en la obra de escritores posteriores que han sido influenciados por su estilo y sus temas.

Autores como Umberto Eco y Antonio Tabucchi han reconocido la importancia de Moravia en el panorama literario italiano y global.

MORAVIA EN EL CINE

La obra de Moravia ha sido adaptada en varias ocasiones al cine, lo que ha contribuido a su fama internacional. Además de "El conformista" y "El desprecio", otras de sus novelas han sido llevadas a la pantalla grande. Estas adaptaciones reflejan la relevancia de sus temas en diferentes contextos culturales y su capacidad para resonar con audiencias contemporáneas.

El cineasta italiano Bernardo Bertolucci, en particular, ha demostrado un interés especial en la obra de Moravia.

Su adaptación de "El conformista" es considerada una de las obras maestras del cine italiano, lo que subraya el impacto duradero de la narrativa de Moravia en el arte visual.

ÚLTIMOS AÑOS Y MUERTE

Alberto Moravia continuó escribiendo hasta su muerte el 26 de septiembre de 1990. A lo largo de su vida, nunca dejó de ser un crítico agudo de la sociedad, y sus últimos ensayos siguen explorando temas como la alienación y la búsqueda de sentido en la vida moderna. Su muerte marcó el fin de una era para la literatura italiana, pero su legado continúa vivo en la actualidad.

A pesar de los cambios en el mundo literario y cultural, la obra de Moravia sigue siendo relevante. Su capacidad para explorar la psicología humana y las complejidades de las relaciones interpersonales resuena con las preocupaciones contemporáneas. Los lectores de hoy encuentran en sus palabras una profunda reflexión sobre la condición humana, lo que asegura que su legado perdure en el tiempo.

Alberto Moravia es un autor cuya vida y obra están intrínsecamente entrelazadas con las realidades sociales y psicológicas de su tiempo. A través de su prosa incisiva y su aguda observación de la condición humana, logró capturar las complejidades de la existencia. Sus experiencias personales, su relación con otros intelectuales y su compromiso con la literatura lo convierten en una figura fundamental en el canon literario del siglo XX.

Moravia no solo dejó una huella indeleble en la literatura italiana, sino que también se convirtió en un referente para generaciones de escritores y pensadores en todo el mundo. Su legado continúa inspirando a lectores y creadores, asegurando que su voz siga resonando en el vasto panorama de la literatura contemporánea.

VIRGINIA WOOLF. UNA VISIONARIA

Virginia Woolf, nacida el 25 de enero de 1882 en Londres, es una de las figuras más influyentes del modernismo literario del siglo XX.

Su trabajo no solo cambió la forma en que se escribía la ficción, sino que también exploró las complejidades de la identidad, la sexualidad y el papel de la mujer en la sociedad. A través de su vida y obra, Woolf se convirtió en un faro de innovación literaria y un icono del feminismo, dejando un legado que sigue resonando en la actualidad.

VIDA TEMPRANA

Virginia Stephen fue la tercera de cuatro hijos en una familia de intelectuales. Su padre, Sir Leslie Stephen, era un destacado crítico literario y escritor, mientras que su madre, Julia Prinsep Stephen, era una modelo y una figura prominente en el círculo artístico de la época. Desde joven, Virginia fue expuesta a una rica cultura literaria y artística, lo que influyó profundamente en su desarrollo como escritora.

La infancia de Woolf fue marcada por la tragedia; su madre falleció cuando ella tenía solo 13 años, y su padre murió en 1904. Estos eventos la llevaron a experimentar episodios de depresión que la acompañarían a lo largo de su vida. A pesar de sus luchas personales, Virginia se convirtió en una figura central del Grupo de Bloomsbury, un círculo de intelectuales y artistas que desafió las normas victorianas.

LA CARRERA LITERARIA

Virginia Woolf publicó su primera novela, *The Voyage Out*, en 1915. Sin embargo, fue con sus obras posteriores que realmente encontró su voz. *Mrs. Dalloway* (1925) y *To the Lighthouse* (1927) son dos de sus obras más reconocidas, en las que experimenta con la técnica del flujo de conciencia y la narrativa no lineal. Estas novelas exploran las vidas internas de sus personajes y reflexionan sobre el tiempo, la memoria y la subjetividad.

Una de las características más notables de su escritura es su habilidad para entrelazar la vida cotidiana con exploraciones filosóficas profundas. En *Mrs. Dalloway*, por ejemplo, Woolf narra un solo día en la vida de Clarissa Dalloway, pero a través de su monólogo interior, el lector accede a un mundo de pensamientos complejos sobre la vida, la muerte y la conexión humana.

En *To the Lighthouse*, Woolf utiliza la estructura de tres partes para explorar la dinámica familiar y las percepciones del tiempo. La obra está impregnada de simbolismo, y el faro se convierte en una metáfora del anhelo humano y la búsqueda de significado. La prosa lírica de Woolf, combinada con su capacidad para capturar la esencia de los momentos fugaces, la posicionó como una maestra de la narrativa moderna.

FEMINISMO Y ACTIVISMO

Además de su contribución literaria, Virginia Woolf fue una ferviente defensora de los derechos de las mujeres. En su ensayo *A Room of One's Own* (1929), argumenta que las mujeres necesitan un espacio propio y recursos económicos para poder escribir y crear. Este ensayo se ha convertido en un texto fundamental del feminismo, ya que desafía las limitaciones impuestas a las mujeres en la sociedad patriarcal.

Woolf también abordó la cuestión de la identidad de género y la sexualidad en su obra. En su novela *Orlando* (1928), Woolf presenta a un protagonista que cambia de sexo y atraviesa varias épocas de la historia, lo que permite una exploración única de la fluidez de la identidad. Esta obra es considerada pionera en la literatura queer y continúa siendo relevante en el discurso contemporáneo sobre género y sexualidad.

ANECDOTARIO SIGNIFICATIVO

La vida de Virginia Woolf estuvo llena de anécdotas que reflejan su personalidad excéntrica y su ingenio agudo. Una de las historias más conocidas es su relación con su perro, un terrier llamado "Pip", que se convirtió en su compañero constante. Woolf era conocida por llevar a Pip a sus paseos, lo que la conectaba con la naturaleza y le proporcionaba un alivio a su ansiedad.

Otra anécdota significativa se refiere a su participación en el Grupo de Bloomsbury. Woolf y sus amigos eran conocidos por sus debates intelectuales y sus reuniones creativas. En una ocasión, se dice que Woolf organizó una cena en la que cada invitado debía llevar un plato que comenzara con la letra "s". La cena fue un caos divertido, pero reflejó la creatividad y la originalidad que caracterizaban a este grupo.

La relación de Woolf con su esposo, Leonard Woolf, también es digna de mención. Juntos fundaron la editorial Hogarth Press, que publicó muchas de las obras más importantes de la época, incluida la propia Virginia. Su apoyo incondicional y su comprensión de la lucha de Woolf con la salud mental fueron fundamentales para su bienestar. Leonard incluso escribió sobre los desafíos que enfrentaron, destacando la profunda conexión que compartían.

LA LUCHA CON LA SALUD MENTAL

A lo largo de su vida, Virginia Woolf luchó con episodios de depresión y ansiedad. A pesar de su éxito literario, estos problemas la llevaron a momentos de crisis. En 1941, tras una larga batalla con su salud mental y la creciente preocupación por la inminente Segunda Guerra Mundial, Woolf tomó la trágica decisión de suicidarse. Se llenó los bolsillos con piedras y se ahogó en el río Ouse cerca de su hogar en Sussex. Su muerte fue un golpe devastador para la comunidad literaria y para aquellos que la conocieron.

LEGADO Y RECONOCIMIENTO

El legado de Virginia Woolf perdura en la literatura y en el pensamiento contemporáneo. Sus obras han sido estudiadas y analizadas en profundidad, y su enfoque innovador de la narrativa ha inspirado a generaciones de escritores. Su feminismo y su exploración de la identidad han resonado en el movimiento feminista moderno y en el estudio de la teoría de género.

En 1970, el crítico literario y feminista Elaine Showalter acuñó la frase "La escritura de mujeres" para referirse al trabajo de autoras como Woolf, destacando su contribución a la literatura. Desde entonces, Woolf ha sido objeto de numerosas biografías, estudios críticos y adaptaciones cinematográficas, lo que demuestra su importancia continua en la cultura literaria.

Virginia Woolf es una figura fascinante cuya vida y obra continúan inspirando y desafiando a lectores y escritores por igual. Su capacidad para explorar la complejidad de la experiencia humana, su compromiso con la justicia social y su lucha contra las adversidades personales la convierten en una figura emblemática del modernismo y el feminismo. A través de sus novelas, ensayos y su vida misma, Woolf nos invita a cuestionar nuestras percepciones de la realidad, la identidad y el papel de la mujer en la sociedad.

Esta sociedad que, a menudo, subestima la voz femenina, Virginia Woolf se erige como un símbolo de resistencia y creatividad.

Su legado literario y su activismo siguen siendo relevantes hoy en día, recordándonos la importancia de las historias, de la autenticidad y de la lucha por un lugar propio en el mundo.

NATALIE PORTMAN EN *BLACK SWAN*. EL ARTE GIRA HASTA ROMPERSE

Hay películas que se quedan contigo por un plano, una frase o un final inesperado. Y luego está *Black Swan* (2010), que no se limita a quedarse: te invade, te sacude, y, en mi caso, consiguió lo que yo creía imposible: que me gustara Chaikovski. El milagro no vino solo por la música, sino por el vértigo emocional que **Natalie Portman** imprimió a Nina Sayers, una bailarina atrapada entre el cielo del arte y el infierno de la perfección. Su interpretación no es solo memorable; es de esas que, como los grandes solos de violín en el *Lago de los Cisnes*, te atraviesan y no te devuelven intacto.

UNA ACTRIZ POSEÍDA POR SU PAPEL

Portman no interpreta a Nina: la habita. Entrenó durante meses, con jornadas de hasta ocho horas diarias, en un régimen que combinaba ballet, natación, musculación y ensayos interminables. No era solo cuestión de aprender pasos; se trataba de **reprogramar su cuerpo** para que respirara como el de una bailarina profesional. Sus brazos, en la película, no son de actriz imitando ballet: tienen esa fragilidad musculosa que solo nace de la disciplina diaria frente al espejo y la barra.

Y la transformación fue tan física como emocional. La Portman de *Black Swan* ya no tiene la dulzura contenida de *Closer* ni la intelectualidad serena de *V for Vendetta*: aquí está al borde, siempre, como si una cuerda invisible tensara su columna y sus nervios hasta el límite.

LOS GIROS COMO VÉRTIGO VITAL

Uno de los elementos más hipnóticos de *Black Swan* son sus giros, esos momentos en que la danza se convierte en vértigo. Desde el primer ensayo, Nina gira y gira, y Aronofsky decide filmarlo con la cámara pegada a su espalda o a su rostro, haciéndonos sentir el mareo físico y el vértigo psicológico. No son simples piruetas: cada vuelta es un espiral hacia la desintegración.

Cuando Portman ejecuta una **pirouette** o encadena un **fouetté**, no lo hace como un adorno técnico; lo hace como quien confiesa un secreto en movimiento. En el clímax, esos giros finales, velocísimos, son el instante en que Nina, ya fundida con el Cisne Negro, se convierte en pura fuerza centrífuga. Es el "bailar hasta morir" del ballet romántico, elevado a metáfora cinematográfica.

Cada vuelta roba un poco de oxígeno al personaje. Cada giro es un paso más hacia un yo que se fragmenta y se entrega al abismo. Esa es la genialidad: la danza no está ahí para embellecer, sino para narrar.

ESPEJO Y TRAMPA

Lo fascinante es que la mayor parte del público no entendió el guion en su profundidad. *Black Swan*, escrita por Mark Heyman, Andrés Heinz y John McLaughlin, no es un simple thriller sobre la rivalidad de dos bailarinas. Es una **tragedia sobre la aniquilación del yo** en la búsqueda de la perfección artística.

Lily (Mila Kunis) no es solo una compañera carismática; es la encarnación de todo lo que Nina no se permite ser: libre, sensual, instintiva. Leroy (Vincent Cassel) es el demiurgo que sabe que para crear un Cisne Negro perfecto hay que destruir a la bailarina blanca que hay en Nina. Y la madre es ese pasado que no suelta, la jaula que disfraza de amor su control absoluto.

La obra *El lago de los cisnes* no es un marco, sino un espejo. Nina no está compitiendo con Lily: está luchando contra sí misma. El Cisne Blanco representa su pureza, su control, su rigidez; el Cisne Negro, su instinto, su deseo, su sombra. La tragedia es que para alcanzar la perfección del negro, debe destruir al blanco, y en ese duelo interior no hay supervivientes.

LA CÁMARA: CÓMPLICE DEL DERRUMBE

Matthew Libatique, director de fotografía, convierte la cámara en un personaje más. A veces es un espejo invisible que sigue a Nina en cada paso; otras, es un perseguidor que acecha desde los rincones del vestuario. El uso de planos cerrados nos obliga a respirar con ella, a sentir la opresión de los pasillos, la asfixia de las bambalinas.

Los espejos, omnipresentes, no solo duplican su imagen, sino que la distorsionan, sugiriendo que ya no hay un solo yo, sino múltiples reflejos que se pelean por existir. El blanco y negro de los trajes, de los cisnes, de las luces y sombras, es un código cromático que refuerza el duelo interno.

CHAIKOVSKI COMO LATIDO DRAMÁTICO

Confieso que nunca fui especialmente devoto de Chaikovski. Me parecía, como a muchos, demasiado melodramático, demasiado grandilocuente. Pero en *Black Swan*, con la relectura de Clint Mansell, su música se convierte en algo más: es el pulso interno de Nina, un corazón que late cada vez más rápido, que sube y sube en tensión hasta que la sangre estalla en la última nota.

El tema del Cisne Blanco, dulce y lírico, suena como un eco de la niña obediente que Nina fue. El del Cisne Negro, retorcido y oscuro, se desliza en las escenas como una serpiente. Y en ese entrelazado de temas, como en la propia vida de Nina, no hay momento de reposo: todo avanza hacia un clímax inevitable.

UN TRABAJO DE INMERSIÓN TOTAL

Portman no solo aprendió a bailar: aprendió a pensar como bailarina. Su postura, su manera de colocar las manos, la tensión constante de su cuello y espalda, todo habla del entrenamiento de años condensado en meses de trabajo. Y más allá de la técnica, está el sacrificio físico: adelgazó hasta límites que inquietaron incluso a la prensa, sufrió lesiones reales durante el rodaje y mantuvo un régimen de disciplina que rozaba lo obsesivo.

Este compromiso absoluto se siente en cada escena. Cuando llora, no llora como actriz: lo hace como alguien que acaba de romper una capa más de sí misma para llegar al núcleo del personaje.

EL CLÍMAX: MORIR BAILANDO

En la función final, el público ficticio de la película aplaude al Cisne Negro sin saber que lo que acaba de ver es un sacrificio real. Nina ha alcanzado la perfección y ha pagado el precio último: su vida, su yo, su cordura.

Ese momento en que dice "I was perfect" antes de caer es más que un cierre dramático: es la declaración de un artista que ha aceptado que no hay perfección sin autodestrucción.

RECEPCIÓN Y MALENTENDIDOS

La crítica celebró la actuación de Portman, otorgándole el Óscar a Mejor Actriz, pero buena parte del público vio *Black Swan* como un "thriller psicológico con ballet". Muchos no advirtieron que la rivalidad con Lily era, en el fondo, una excusa narrativa para explorar la sombra jungiana de Nina.

El resultado es que la película es todavía más fascinante cuando la revisitas sabiendo que cada personaje es una pieza de un mismo rompecabezas mental. Lo que parecía una historia de celos artísticos se revela como un mapa de guerra interior.

LEGADO Y PERMANENCIA

Más de una década después, *Black Swan* sigue siendo un referente en la conversación sobre cómo filmar danza, cómo narrar la obsesión artística y cómo llevar a un actor hasta su punto de fusión con un personaje.

Natalie Portman no solo ganó un premio: se ganó un lugar en ese panteón de intérpretes que alguna vez dieron todo por un papel, como De Niro en *Raging Bull* o Isabelle Adjani en *Possession*.

EPÍLOGO PERSONAL

Salir del cine tras ver *Black Swan* fue como despertar de un sueño febril. Llevaba en la cabeza la imagen de Portman girando, la música de Chaikovski —sí, Chaikovski— palpitando todavía en mis oídos, y la sensación de que había asistido a algo más que a una película: había presenciado una inmolación artística.

Y es que *Black Swan* no te pide que la entiendas en un sentido racional: te exige que la sientas. Que te marees con sus giros, que te reflejes en sus espejos, que aceptes que, a veces, para crear algo perfecto hay que dejar que una parte de ti muera en el proceso.

EL ARQUITECTO DE LA PERFECCIÓN CINEMATO-GRÁFICA. STANLEY KUBRICK

Hablar de Stanley Kubrick es invocar un nombre que no solo pertenece a la historia del cine, sino al panteón de los genios que cambiaron para siempre la forma de entender la narración audiovisual. Kubrick no era simplemente un director; era un cartógrafo de lo humano, un explorador de los abismos y cumbres de la condición humana, un perfeccionista casi obsesivo cuya visión cinematográfica rozaba lo absoluto. Su obra, vasta y diversa, abarca desde el horror psicológico hasta la ciencia ficción filosófica, pasando por el drama bélico, la sátira política y la épica histórica. Pocos cineastas se han atrevido a abarcar tantos géneros con tal maestría, y menos aún han logrado imprimir en cada uno de ellos una marca personal tan indeleble.

Stanley Kubrick nació el 26 de julio de 1928 en el Bronx, Nueva York, en el seno de una familia judía de clase media. Su padre, Jacob Kubrick, médico, le inculcó desde pequeño la importancia del conocimiento y la curiosidad intelectual. Su madre, Sadie Gertrude, fomentó su sensibilidad artística. Kubrick no fue un estudiante brillante en términos académicos, pero su inteligencia y capacidad de observación eran extraordinarias. De adolescente, se fascinó por la fotografía, hasta el punto de convertirse, con apenas diecisiete años, en uno de los fotógrafos más jóvenes de la revista *Look*. Esta experiencia le dio un entrenamiento visual que marcaría toda su carrera: el dominio del encuadre, la paciencia para esperar la luz perfecta, la capacidad de narrar una historia con una sola imagen.

Su salto al cine fue progresivo pero firme. En 1951 dirigió su primer cortometraje documental, *Day of the Fight*, sobre un boxeador, seguido por *Flying Padre* y *The Seafarers*. Pero su debut real en el largometraje llegó en 1953 con *Fear and Desire*, una producción modesta que él mismo más tarde intentaría retirar de circulación, considerándola un trabajo inmaduro. Sin embargo, ya mostraba indicios de su estilo: el interés por los conflictos morales, la planificación minuciosa de los planos, la atmósfera inquietante.

Con *The Killing* (1956), un noir impecable sobre un robo en un hipódromo, Kubrick llamó la atención de la industria. Su capacidad para estructurar una narrativa no lineal y su dominio del suspense anunciaban que había llegado un nuevo maestro. *Paths of Glory* (1957) consolidó su reputación: un feroz alegato antibelicista ambientado en la Primera Guerra Mundial, con Kirk Douglas como protagonista, que denunciaba la absurda maquinaria militar y la injusticia.

La relación con Douglas le abrió la puerta a *Spartacus* (1960), una superproducción épica en la que Kubrick demostró que podía manejar presupuestos colosales y elencos multitudinarios sin perder su sello personal. Aun así, las limitaciones impuestas por el sistema de estudios hicieron que Kubrick se jurara nunca más ceder el control creativo.

Ese compromiso con la independencia lo llevó a Inglaterra, donde desarrollaría la mayor parte de su obra posterior. Allí nació *Lolita* (1962), adaptación de la novela de Nabokov que supo sortear con ingenio la censura de la época, y, sobre todo, *Dr. Strangelove or: How I Learned to Stop Worrying and Love the Bomb* (1964), una sátira nuclear protagonizada por un Peter Sellers en estado de gracia. En plena Guerra Fría, Kubrick convirtió el miedo a la aniquilación en una comedia negra magistral, una proeza de equilibrio tonal.

En 1968 llegaría el punto de inflexión: *2001: A Space Odyssey*. Con esta obra maestra, Kubrick no solo redefinió la ciencia ficción, sino que cambió para siempre la forma de concebir el cine. Su rigor científico —colaboró con la NASA para diseñar efectos realistas— y su audacia filosófica crearon una experiencia que era a la vez espectáculo visual y meditación sobre el origen y destino de la humanidad. La secuencia del "monolito" y el salto del hueso a la nave espacial siguen siendo uno de los elipsis más brillantes de la historia.

Tres años más tarde, en 1971, Kubrick desató la polémica con *A Clockwork Orange*, adaptación de la novela de Anthony Burgess. Su representación estilizada pero brutal de la violencia juvenil y su exploración de la libertad individual frente al control estatal la convirtieron en una obra incómoda pero indispensable. La controversia fue tal que el propio Kubrick retiró la película de los cines británicos durante décadas por amenazas que recibía su familia.

En *Barry Lyndon* (1975), Kubrick recreó con una fidelidad asombrosa el siglo XVIII, utilizando exclusivamente luz natural o velas, gracias a lentes especiales desarrolladas para la NASA. Aunque en su estreno recibió críticas tibias, con el tiempo se ha revalorizado como una de las películas más bellas jamás filmadas.

En 1980, Kubrick se adentró en el horror con *The Shining*, adaptación de la novela de Stephen King. La atmósfera opresiva, el uso magistral de la Steadicam y la interpretación escalofriante de Jack Nicholson crearon un clásico del género que sigue influyendo a cineastas y aterrorizando a espectadores.

Su siguiente proyecto, *Full Metal Jacket* (1987), retomó la guerra como tema central, esta vez en Vietnam. Dividida en dos partes —el entrenamiento militar y el frente de combate—, la película mostraba cómo la deshumanización era tan brutal en los cuarteles como en la guerra misma. El sargento Hartman, interpretado por R. Lee Ermey, se convirtió en un icono cultural.

Pasarían doce años hasta su última película, *Eyes Wide Shut* (1999), un estudio sobre el deseo, la fidelidad y las fantasías ocultas, protagonizado por Tom Cruise y Nicole Kidman. Kubrick murió el 7 de marzo de 1999, pocos días después de mostrar el montaje final a los actores. Su muerte cerró la carrera de un autor que nunca dejó de reinventarse.

Las anécdotas que rodean a Kubrick son casi tan legendarias como sus películas. Se cuenta que para *The Shining* hizo repetir a Shelley Duvall una toma 127 veces, buscando una expresión de auténtica desesperación. En *Barry Lyndon*, prohibió cualquier luz artificial en las escenas interiores, lo que obligó a los actores a adaptarse a un rodaje casi pictórico. En *2001*, exigió a los técnicos que diseñaran un sistema de proyección frontal para lograr la inmersión en las escenas lunares, inventando de paso una tecnología que luego adoptaría toda la industria.

Su perfeccionismo se extendía a cada detalle: elegía personalmente las fuentes tipográficas de los créditos, revisaba el grosor del papel de las cartas que aparecían en pantalla y controlaba obsesivamente el doblaje internacional. No es de extrañar que trabajara con equipos reducidos y de confianza, como el operador de cámara John Alcott o el compositor de música incidental Vivian Kubrick, su hija.

Kubrick no creía en improvisaciones gratuitas. Cada plano estaba meticulosamente diseñado, cada movimiento de cámara tenía un propósito narrativo y cada silencio estaba cargado de significado. Su cine se reconoce por la simetría casi matemática de sus encuadres, el uso hipnótico de la música clásica —desde Strauss hasta Beethoven— y la combinación de frialdad analítica con una extraña intensidad emocional.

Pero más allá de la técnica, lo que distingue a Kubrick es su capacidad para abordar las grandes preguntas: ¿Qué nos hace humanos? ¿Es la violencia innata o adquirida? ¿Podemos escapar de la corrupción del poder? ¿Qué lugar ocupamos en el cosmos? Estas cuestiones atraviesan toda su obra, invitando al espectador no a recibir respuestas, sino a formular las suyas propias.

Su legado es incuestionable. Directores como Christopher Nolan, Steven Spielberg, Ridley Scott, Paul Thomas Anderson y David Fincher han reconocido su deuda con Kubrick. *2001* sigue proyectándose en salas como un ritual cinematográfico, *Dr. Strangelove* continúa siendo un referente de la sátira política, y *The Shining* alimenta interpretaciones y teorías conspirativas, desde las alusiones al genocidio nativo americano hasta supuestas confesiones sobre el alunizaje.

Kubrick logró lo que muy pocos artistas alcanzan: que cada una de sus películas sea un universo único, irrepetible, y al mismo tiempo parte de un todo coherente. No hizo cine para complacer a la taquilla, aunque muchas de sus obras fueron éxitos; lo hizo para acercarse, obsesivamente, a la perfección. Su filmografía es breve —trece largometrajes—, pero cada uno es una lección de cine, de arte y de pensamiento crítico.

Hoy, más de dos décadas después de su muerte, Kubrick sigue siendo un faro para quienes creen que el cine puede ser algo más que entretenimiento: una experiencia estética total, un espejo incómodo, un viaje intelectual. Su nombre, como el de los grandes maestros de cualquier disciplina, pertenece ya a esa esfera donde la admiración se mezcla con la gratitud. Porque ver una película de Kubrick es, en el fondo, recibir el privilegio de contemplar el mundo —y a nosotros mismos— con una mirada más lúcida, más inquieta, más consciente.

En una entrevista, cuando le preguntaron qué buscaba con su cine, Kubrick respondió: "La verdad emocional. Todo lo demás es decoración". Esa frase resume no solo su arte, sino su ética como creador. No era un provocador gratuito ni un tecnicista frío: era un hombre que utilizaba todos los recursos posibles para llegar al corazón de una escena, y desde allí, al corazón del espectador.

Stanley Kubrick no filmaba historias; construía catedrales de imágenes y sonidos. En ellas, cada piedra, cada vitral, cada sombra tiene un sentido. Y aunque el tiempo avance y la tecnología cambie, sus obras siguen siendo templos donde los amantes del cine acudimos, una y otra vez, para recordar que, cuando el arte se hace con rigor, inteligencia y pasión, alcanza una forma de eternidad.

INDRO MONTANELLI: UN MAESTRO DE LA HIS-TORIA Y LA CONTROVERSIA

Indro Montanelli (1909-2001) fue una figura monumental del periodismo y la literatura italiana. Su capacidad para narrar la historia de forma accesible y cautivadora, combinada con una personalidad compleja y a menudo polémica, lo convirtió en un personaje icónico y profundamente influyente. Su legado, sin embargo, está marcado tanto por la admiración como por la controversia, reflejando la complejidad del hombre y su época.

UN PERIODISTA INCANSABLE

Montanelli comenzó su carrera periodística a una edad temprana, forjándose una reputación por su estilo directo y su búsqueda implacable de la verdad. Su experiencia como corresponsal de guerra, cubriendo conflictos en España, África y la Segunda Guerra Mundial, le proporcionó una perspectiva única y un profundo conocimiento de los acontecimientos históricos. Estas experiencias se reflejan en sus escritos, que se caracterizan por un realismo crudo y una atención meticulosa a los detalles. Su estilo, a menudo descrito como coloquial y accesible, le permitió conectar con un público amplio, incluso aquellos que no estaban familiarizados con la historia.

MÁS ALLÁ DEL PERIODISMO

Montanelli no se limitó al periodismo. Fue un prolífico escritor, autor de numerosas obras que abarcan desde la historia hasta la autobiografía. Sus libros, caracterizados por su erudición y su capacidad para narrar historias complejas de manera atractiva, se convirtieron en bestsellers y contribuyeron significativamente a la popularización de la historia en Italia. Su obra más conocida, quizás, es su monumental *Historia de Italia*, un trabajo que abarca siglos de historia italiana con una claridad y un estilo narrativo excepcionales.

UN ESTILO ÚNICO

El estilo de Montanelli era único. Combinaba una profunda erudición histórica con un enfoque personal y anecdótico. No se limitaba a presentar los hechos de forma objetiva, sino que los contextualizaba y los analizaba desde su propia perspectiva, a menudo provocativa. Su escritura está repleta de anécdotas, observaciones personales y opiniones contundentes, lo que la convierte en una lectura atractiva y estimulante. Sin embargo, este enfoque personal también ha sido objeto de críticas, con algunos acusándolo de parcialidad o de simplificar acontecimientos históricos complejos.

CONTROVERSIAS Y LEGADO

La vida de Montanelli estuvo marcada por la controversia. Sus opiniones conservadoras, a veces expresadas de forma brusca, le ganaron muchos detractores. Su postura sobre ciertos temas históricos, así como algunos incidentes de su vida personal, han sido objeto de críticas y debates. Sin embargo, esto no disminuye su importancia como figura histórica. Su legado como periodista y escritor es indiscutible, y su contribución a la popularización de la historia en Italia es innegable.

ANÉCDOTAS SIGNIFICATIVAS

La vida de Montanelli está llena de anécdotas fascinantes. Desde sus experiencias como corresponsal de guerra, donde se enfrentó a situaciones peligrosas y a la brutalidad de la guerra, hasta sus encuentros con personajes históricos, sus historias ofrecen una visión fascinante de la historia del siglo XX. Sus viajes por el mundo, sus encuentros con diferentes culturas y su capacidad para observar y analizar lo que le rodeaba, le permitieron crear una obra rica y compleja.

Indro Montanelli fue una figura compleja y controvertida, pero sin duda una de las figuras más importantes del periodismo y la literatura italiana del siglo XX. Su capacidad para narrar la historia de forma atractiva y accesible, combinada con su estilo personal y a menudo provocador, lo convirtió en un personaje icónico y profundamente influyente.

Su legado, a pesar de las controversias que lo rodean, sigue vivo y continúa inspirando a generaciones de lectores y periodistas.

GUSTAV KLIMT. EL ORO DE VIENA.

Recuerdo todavía el letrero del primer hotel donde me hospedé en Viena la primera vez que fui por mi cuenta y riesgo: "Hotel Klimt".

Un nombre que, más que cartel, era invitación a un sueño. Nada en la fachada presagiaba que ese nombre —tan cargado de pigmentos dorados y miradas eternas— fuese más que un reclamo turístico.

Pero aquella palabra tenía peso, resonaba en la mente como un gong de oro, como una puerta batiente entre la ciudad y un universo donde las pieles brillan y los labios guardan secretos. Klimt no era solo un pintor: era un tumaturgo de los sentidos, un tejedor de telas invisibles que, sin embargo, todos podíamos sentirlo.

Entrar en su obra es como sumergirse en un lago que ha atrapado la luz del sol y la guarda en fragmentos de mosaico. Un beso que no es beso, sino rito; una mirada que no es mirada, sino interrogatorio sagrado. Klimt regaló a los ojos una especie de lujo que no se puede comprar ni vender: el lujo de quedarse suspendido en el instante.

Gustav Klimt nació en 1862, en Baumgarten, cuando Viena aún soñaba con valses interminables y balcones repletos de geranios. Su padre era grabador de oro —y quizá ahí empezó todo— y su madre soñaba con ser música, lo que le dio un oído para las armonías del color.

La familia era pobre, pero en las manos de Gustav, la pobreza no fue obstáculo: fue una especie de disciplina secreta. Aprendió pronto que el oro no siempre está en los cofres; a veces está en la forma en que la luz acaricia una tela o en cómo un perfil femenino se curva contra el espacio.

Desde joven destacó en la Escuela de Artes y Oficios de Viena. Allí se impregnó de academicismo, de retratos correctos y composiciones ordenadas. Pero pronto, como un río que rompe su dique, se cansó de la corrección. El joven Klimt quería otra cosa: no el retrato de la realidad, sino la realidad transformada en oráculo.

Su primer gran éxito fue junto a su hermano Ernst y el amigo Franz Matsch. Juntos decoraron teatros y salones de la burguesía vienesa, pintando escenas alegóricas y murales que complacían a todos. Pero aquella etapa era todavía el prólogo. El verdadero Klimt aparecería después, cuando se apartara del arte oficial y fundara, en 1897, la *Secession Vienesa*. No era una simple escisión, sino una declaración de independencia. Querían abrir Viena a los vientos del simbolismo, del Art Nouveau, de todo lo que oliera a modernidad y desafío.

En ese tiempo nació "El Beso" —ese cuadro que ha hecho suspirar a más turistas que la Torre Eiffel—. Dos figuras envueltas en oro, fusionadas en un abrazo que no es solo erótico: es místico, como si en ese roce de labios se condensara la historia de la humanidad. La mujer parece abandonarse, el hombre inclinarse con reverencia, y todo ocurre en un jardín que no es jardín, sino un limbo. Mirarlo es sentir que el tiempo se ha detenido.

Pero Klimt no fue un pintor de un solo cuadro. Fue el artífice de *Judith y Holofernes*, donde la heroína bíblica aparece con un rostro de placer ambiguo, mezcla de victoria y lujuria. Fue el creador de *Danae*, la princesa que recibe la lluvia de oro de Zeus con un gesto de éxtasis contenido. Fue el inventor de *El Árbol de la Vida*, donde las ramas se enroscan como pensamientos secretos. Y fue, sobre todo, el maestro de las miradas femeninas: no miradas dóciles, sino ojos que saben, que desafían, que guardan claves invisibles.

Su vida no estuvo libre de desventuras. En 1894, recibió el encargo de pintar tres paneles para el techo de la Universidad de Viena: *Filosofía*, *Medicina* y *Jurisprudencia*. Lo que entregó fue una explosión de cuerpos desnudos, símbolos inquietantes y atmósferas oníricas.

La reacción fue feroz: se le acusó de obscenidad, de degeneración, de escándalo público. Klimt, cansado de las críticas, devolvió el dinero y juró no aceptar encargos oficiales nunca más. Fue una batalla ganada para su libertad.

Su vida amorosa fue tan dorada y laberíntica como sus cuadros. No se casó jamás, pero se le atribuyen más de una docena de hijos ilegítimos. Amó a mujeres que fueron musas, amantes y cómplices. Entre ellas, *Emilie Flöge*, diseñadora y amiga íntima, quizá la única constante en su vida. Con ella compartió un lenguaje hecho de telas y colores; quizá con ella compartió más que amistad, pero ambos guardaron el secreto con la misma discreción y mimo con el que un joyero cierra su estuche.

Klimt fue también un hombre meticuloso hasta la obsesión. Pintaba con túnicas largas, para no mancharse, y trabajaba despacio, como si cada pincelada fuese un cálculo alquímico. Sus estudios estaban llenos de bocetos, recortes, tejidos, y sobre todo de mujeres que posaban durante horas, envueltas en un silencio casi ritual.

Una de las anécdotas más curiosas de su vida ocurrió durante la Primera Guerra Mundial. Aunque Austria vivía el derrumbe del imperio, Klimt continuó pintando como si el ruido de las armas no pudiera atravesar el oro de sus lienzos. No era indiferencia: era resistencia. El arte, para él, era un lugar inviolable.

Su muerte, en 1918, fue casi simbólica: una apoplejía, seguida de neumonía, en los últimos meses de la guerra. En su cama, dicen, pronunció sus últimas palabras: "Lleva mis lápices...". Me resulta difícil imaginar un final más coherente para quien había vivido dibujando hasta el último respiro.

Después, Viena siguió guardando su huella como un perfume persistente. Durante el nazismo, muchas de sus obras fueron confiscadas; algunas se perdieron para siempre, otras terminaron en colecciones privadas. El caso más célebre fue el de *Retrato de Adele Bloch-Bauer I*, expoliado a una familia judía y convertido en emblema de restitución décadas después. Hoy, el cuadro —la "Mona Lisa de Austria"— sigue deslumbrando, con su Adele envuelta en un oro que parece arder desde dentro.

Caminar por Viena con Klimt en la memoria es como ver la ciudad de otro modo. La cúpula dorada del Pabellón de la Secession brilla como si fuese un trozo de uno de sus lienzos caído del cielo. Los salones del Belvedere, donde "El Beso" recibe a los peregrinos del arte, se convierten en una capilla laica. Y en cada escaparate de souvenir, entre tazas, pañuelos y paraguas impresos con sus obras, uno siente que Klimt sigue negociando con el mundo: "Me reproducen, sí, pero aún no me han agotado".

Lo que más me fascina de él no es solo la estética, sino la paradoja. Klimt podía llenar un lienzo de oro hasta casi borrar la figura humana, y sin embargo siempre lograba que esa figura respirara. Sus mujeres no eran ornamentos, sino sacerdotisas que usaban el oro como armadura. Su sensualidad nunca fue barata: estaba teñida de mito, de símbolo, de algo que nos obliga a mirar más allá del cuerpo.

Hay quien dice que Klimt fue un esteta sin compromiso político.

Yo creo que su compromiso fue con la belleza, y eso, en tiempos de censura y guerra, era ya una forma de insurrección. Pintar un beso cuando el mundo se despedazaba era un acto tan político como escribir un manifiesto.

En la habitación del "Hotel Klimt" donde dormí aquella primera vez en Viena, había una reproducción barata de "El Árbol de la Vida" sobre la cama. El marco era de plástico dorado, el papel algo amarillento, pero aun así, cada vez que lo miraba, sentía un pequeño estremecimiento. No importaba que no fuese el original: Klimt había conseguido lo imposible, que incluso en la copia más modesta se filtrara un poco de su magia.

Hoy, cuando vuelvo a ver sus obras —en libros, en museos, en vitrinas de aeropuerto—, entiendo que Klimt no pintaba para los coleccionistas ni para las galerías. Pintaba para el instante en que el espectador se olvida de sí mismo y se convierte en pura mirada.

Ese instante en que el oro ya no es metal, sino luz; en que la piel ya no es carne, sino revelación.

Klimt regaló a los sentidos un festín que aún no hemos terminado. Sus cuadros no se consumen, porque no ofrecen respuestas, sino enigmas. Y quizá por eso, al salir de Viena, uno se lleva la sensación de que ha estado dentro de un sueño que todavía no quiere soltarlo.

Un sueño de oro, de cuerpos que respiran como si fuesen leyendas, de mujeres que nos observan desde más allá de la historia, y de un hombre que, con sus pinceles y su terquedad, logró lo que pocos han conseguido: hacer del arte no una imitación de la vida, sino su versión más intensa.

Gustav Klimt —hijo de grabador, rebelde en bata de trabajo, amante de los símbolos, fugitivo de las reglas— no nos dejó solo pinturas. Nos dejó un modo de mirar el mundo. Y cada vez que lo hacemos, Viena vuelve a desplegarse como un lienzo dorado donde aún podemos perdernos.

LA MUJER QUE NO PIDIÓ JAMÁS PERMISO: SIMONE DE BEAUVOIR

Había una vez una muchacha parisina que no creía en los cuentos de hadas, porque intuía que en todos la princesa acababa prisionera en un castillo dorado.

No quería príncipe, ni castillo, ni complacencia. Quería el mundo entero, no para poseerlo, sino para interrogarlo con una lucidez casi insolente. Esa muchacha se llamaba Simone de Beauvoir y, como todo personaje destinado a agitar conciencias, no nació para encajar, sino para desbordar.

En París, 9 de enero de 1908, la infancia le enseñó temprano que la libertad no se concede, se arranca. Creció entre los salones burgueses, respirando un aire saturado de convenciones y crucifijos, de lecturas censuradas y sonrisas medidas. Su padre, lector voraz y amante del teatro, le legó el apetito por las palabras; su madre, católica fervorosa, intentó moldearla en el dogma. Simone decidió que la fe más honesta era la de la razón, y que su altar estaría hecho de libros y preguntas.

En la Sorbona, fue la joven que rompía la media estadística: la más joven en obtener la agregación de filosofía, la que no iba a clases para copiar apuntes, sino para rebatirlos. Allí se cruzó con un hombre menudo, de mirada vivísima y voz nasal: Jean-Paul Sartre.

Él, ya un meteorito intelectual, encontró en ella no un satélite, sino otra estrella de órbita propia. Se reconocieron como espíritus afines: no como amantes posesivos, sino como compañeros de ruta. Entre ellos firmaron un pacto que hoy parecería ciencia ficción sentimental: sinceridad absoluta, libertad afectiva, ninguna promesa de eternidad. Él la llamaría "el Castor" —juego de palabras por su apellido (Beauvoir) y su afán trabajador—, y ella lo llamaría "el único hombre al que nunca mentí".

Pero antes de ser el Castor de Sartre, fue la voz que escuchaba el silencio de las mujeres invisibles. Con *El segundo sexo* (1949) rompió el cristal opaco de la femineidad domesticada. Dos tomos, más de mil páginas, que empezaban con una frase ya inmortal: "No se nace mujer: se llega a serlo." Fue un terremoto editorial y moral. Las críticas llegaron con igual violencia que los elogios. Los guardianes del orden vieron en ella un peligro, los progresistas una profeta. Ninguno quedó indiferente. Beauvoir no estaba inventando la rebelión femenina: la estaba documentando, filosofando, legitimando.

Su pluma era una navaja de precisión quirúrgica: *La invitada*, *Las bellas imágenes*, *La mujer rota*, *Memorias de una joven formal*, cada título era un capítulo de autopsia a la hipocresía burguesa, al amor romántico como jaula, a la rutina que devora el deseo. No era la narradora dulce que pide empatía: era la cirujana que abre sin anestesia para mostrar lo que nadie quiere ver.

Con Sartre compartió cafés interminables en Les Deux Magots y en el Café de Flore, con Gauloises consumiéndose entre frases. Allí se diseñaban, con servilletas como cuadernos, teorías existencialistas que proclamaban que la vida no tiene sentido previo, y que por eso la libertad es absoluta y angustiosa. A veces discutían a voz en cuello sobre política, sobre moral, sobre la URSS, sobre la autenticidad. Simone decía que el compromiso no era un lujo del intelectual, sino su única justificación.

Y llegó 1964, el año del Nobel para Sartre. La Academia Sueca anunció su nombre con la solemnidad de un himno. Y él, fiel a su lógica contracorriente, lo rechazó. Declaró que ningún escritor debía convertirse en "institución" y que no quería que su pensamiento quedara atrapado en un diploma. Beauvoir lo entendió mejor que nadie: no era un gesto teatral, sino una coherencia radical, esa misma coherencia que ella practicaba al negarse a casarse o a ser "la señora de" alguien. "Jean-Paul —dijo— no ha perdido nada. Ha ganado su libertad intacta." Y quizá pensó, en silencio, que tampoco hubiera sido capaz de vivir con un hombre que aceptara coronas doradas.

No todo en su vida fue manifiesto filosófico. Hubo viajes a América, donde descubrió la segregación racial y el desencanto capitalista; hubo estancias en China y Cuba, donde observó con ojo crítico tanto el fervor revolucionario como sus deformaciones. Hubo también amores fuera del pacto con Sartre: Nelson Algren, escritor estadounidense de temperamento volcánico, le enseñó un amor menos cerebral y más táctil. Pero París siempre fue su puerto, y Sartre su faro, incluso cuando el mar estaba agitado.

Su relación fue, para muchos, incomprensible. Nunca vivieron juntos, nunca firmaron papeles, y sin embargo, ningún matrimonio convencional logró la complicidad que ellos exhibían en la mesa de un café o en cartas que eran tanto confesión como ensayo filosófico. Él murió en 1980, y ella sintió que su mitad de horizonte se oscurecía. Le sobrevivió seis años, años en los que continuó escribiendo, pero con una nostalgia más densa que la nicotina en los bares que frecuentaban.

Simone de Beauvoir fue también una cronista de sí misma. Sus memorias —cuatro volúmenes que van desde *Memorias de una joven formal* hasta *La ceremonia del adiós*— son una radiografía despiadada de su itinerario intelectual y sentimental. No se ahorró culpas ni contradicciones: confesó sus celos, sus errores políticos, su ceguera ante ciertos abusos, incluso dentro de su propio círculo. Esa honestidad brutal es lo que la salva del pedestal: no era una estatua, era una mujer que se sabía imperfecta y, por eso mismo, más libre que muchas de sus contemporáneas.

Anécdotas hay tantas como colillas apagadas en el Flore. Como aquella vez que, en una conferencia, un estudiante le preguntó si creía en el amor eterno. Ella respondió: "Creo en amores que no temen cambiar de forma, aunque mueran en el proceso." O la ocasión en que, al ser acusada de "antimaternal" por su visión del rol femenino, dijo con media sonrisa: "No odio a los niños, solo odio que me digan que debo tenerlos."

Su compromiso político fue igualmente indomable. Firmó manifiestos contra la guerra de Argelia, apoyó la legalización del aborto en Francia y se expuso públicamente como una de las "343" mujeres que declararon haber abortado en un país donde aún era delito. En cada causa, su voz tenía el filo de quien no busca popularidad, sino justicia.

Murió el 14 de abril de 1986. París la despidió como a sus grandes: el cortejo fúnebre recorrió el boulevard Saint-Germain hasta el cementerio de Montparnasse, donde reposa junto a Sartre. En la lápida comparten piedra, como compartieron vida, aunque no apellido ni cama fija.

Simone de Beauvoir dejó mucho más que libros. Dejó un método para vivir sin pedir permiso, una advertencia contra la comodidad del conformismo, una certeza: la libertad es un proyecto que se rehace cada día, y el amor, si ha de merecer ese nombre, no puede ser una cadena.

En las páginas de *El segundo sexo*, en las cartas a Nelson, en los silencios cómplices con Sartre, hay una Simone que todavía interroga a quien la lee: ¿Estás viviendo como quieres, o como te han dicho que debes? Su mirada parece decirnos que la vida —como ella la entendía— no se gasta obedeciendo, sino eligiendo, aun a riesgo de equivocarse.

Y uno imagina, si volviera por un instante a sentarse en el Flore, que Simone encendería un cigarrillo, abriría su libreta y, mirando el París que tanto cambió y que tan poco aprendió, volvería a escribir: "El problema de la mujer siempre ha sido el problema de los hombres." Quizá sonreiría con cierta ironía: sabía que aún quedaba mucho por discutir. Y esa era, para ella, la mejor garantía de que valía la pena seguir pensando.

Porque Simone de Beauvoir no se limitó a existir: construyó una existencia como obra, y una obra como advertencia. No quiso ser un modelo, pero lo fue. No quiso ser recordada como "la compañera de Sartre", pero también lo fue, y con orgullo, porque en su caso "compañera" no significaba sombra, sino espejo.

Así, entre la tinta y la calle, entre la filosofía y el humo, se nos queda su figura: erguida, incisiva, con una prosa que todavía hoy corta como vidrio. Y aunque el tiempo intente desgastarla, hay frases suyas que seguirán clavadas en el aire, como una bandera que no se rinde.

Al final, su vida fue un ejercicio radical de autoría: ella escribió su destino, incluso cuando el mundo quería dictárselo.

Y en esa página que aún no se ha cerrado, sigue invitándonos —o retándonos— a hacer lo mismo.

BERNINI, DAR EL ALMA AL MÁRMOL

Roma, primavera perpetua del arte, late con un corazón de mármol.
Entre sus venas de piedra y sus plazas que respiran historia, hay un
nombre que no se pronuncia: se declama. Gian Lorenzo Bernini. No
basta con decirlo; hay que dejar que la voz lo acaricie, como la gubia
acaricia la veta, como la luz acaricia la curva de una escultura.

Nació en Nápoles, en 1598, cuando el siglo todavía creía en milagros.
Hijo de Pietro Bernini, escultor competente y prudente, y de Angelica
Galante, mujer de temple, Gian Lorenzo vino al mundo con los dedos
ansiosos, ya dispuestos a moldear el universo. Tenía apenas ocho años
cuando la Roma de los papas lo adoptó. Allí, entre ruinas que recorda-
ban imperios y andamios que presagiaban el Barroco, el niño aprendió
que el mármol podía hablar... si se sabía escuchar.

Un cardenal, Scipione Borghese, vio en él no un aprendiz, sino un destino. Y lo puso frente a bloques de Carrara, blancos como la fe que se
proclama y fríos como la fe que se pierde.

EL MÁRMOL QUE SANGRA

En la Villa Borghese, el joven Bernini escribió su carta de presentación.
La firmó con cuatro golpes de genio:

El rapto de Proserpina. Un dios que aprieta, una joven que se resiste, y unos dedos que hunden la carne... de piedra. El mármol se convierte en piel, en músculo, en súplica. El visitante, atrapado en el momento, duda: ¿acaso no se oyen los gritos?

Apolo y Dafne. Ella corre. Él persigue. Y de pronto, las piernas se tornan corteza, los brazos ramas, el cabello hojas. El instante en que la carne se rinde a la botánica, Bernini lo detiene. Es metamorfosis y eternidad, y también es fuga: no hay dios que atrape a quien se transforma.

David. No el adolescente sereno de Miguel Ángel, sino un joven en pleno giro, en el segundo exacto antes del lanzamiento. El ceño fruncido, los músculos tensos, la respiración contenida. El héroe no posa: actúa.

En estos tres golpes iniciales, Bernini puso el manifiesto de su arte: no quería estatuas que parecieran vivas, quería escenas que respiraran.

ARQUITECTO DEL ABRAZO

Urbano VIII lo convirtió en arquitecto del Vaticano. Y Bernini, que ya había abrazado a sus personajes, decidió abrazar a la humanidad entera. Así nació la **Plaza de San Pedro** (1656-1667), dos brazos colosales de columnatas que reciben al peregrino como una madre recibe al hijo pródigo. El espacio no se recorre: se entra en él como en un regazo.

Antes había coronado el altar mayor con el **Baldacchino** (1624-1633), un dosel de bronce alto como un bosque. Las columnas salomónicas giran como si fueran tallos ascendiendo hacia la luz. Allí, en la cúpula de Miguel Ángel, Bernini puso su propio capítulo.

En la Piazza Navona, dejó la **Fontana dei Quattro Fiumi**: cuatro ríos que se estiran, giran, se cubren, se ofrecen. Cada uno es un mundo: el Nilo cubre su rostro porque aún no se conocía su fuente; el Danubio toca el escudo papal; el Ganges sostiene el remo de las rutas infinitas; el Río de la Plata se asusta... ¿de qué? De una leyenda inventada, pero inmortal: que teme el derrumbe de la iglesia de su rival Borromini.

TEATRO MÍSTICO

Bernini entendía la fe como un espectáculo de luz y sombra. La **Éxtasis de Santa Teresa** (1647-1652), en la capilla Cornaro, no es una escultura: es una función completa. Teresa, suspendida, con los párpados caídos, la boca entreabierta y el cuerpo vencido ante la flecha del ángel. No hay frontera entre lo místico y lo sensual: en Bernini, Dios entra por todos los sentidos. Un ventanal invisible derrama luz dorada, como un foco que marca el clímax. El espectador, atrapado, se convierte en creyente... o en testigo fascinado de un milagro de mármol.

RIVALIDAD EN PIEDRA

Pero todo genio atrae sombras. Borromini, matemático de la arquitectura, fue su némesis. Mientras Bernini buscaba el impacto teatral, Borromini apostaba por la geometría sutil. Sus obras dialogaban —o se insultaban— a través de las plazas de Roma. En los cafés y plazas se contaban historias: que el Río de la Plata levantaba la mano contra la fachada de Sant'Agnese, que Borromini no podía soportar el bullicio de las obras de Bernini.

Ninguno de los dos negó ni confirmó nada: el mito era más jugoso que la verdad.

CAÍDAS Y RESURRECCIONES

La fortuna de Bernini se enfrió con la muerte de Urbano VIII. Inocencio X, menos afecto a los Barberini, aprovechó un error monumental del artista: las torres de campanas de San Pedro, mal calculadas, abrieron grietas. La demolición fue pública, y la humillación, también.

Pero Bernini era demasiado grande para quedar en sombra. Con Alejandro VII volvió a la cúspide, diseñando la Plaza de San Pedro y devolviendo al mármol la gracia que nunca había perdido.

EL HOMBRE QUE VIAJÓ A LA CORTE DEL REY SOL

En 1665, París lo reclamó. Luis XIV quería su fachada para el Louvre. Bernini llegó con el aura de un conquistador, pero en la corte francesa se topó con el hielo del clasicismo. Sus ideas, exuberantes como la Roma que las había visto nacer, chocaron con la simetría cartesiana de los franceses. Volvió a Roma sin su Louvre, pero con la certeza de que su reino era el Tíber, no el Sena.

ANÉCDOTAS DE UN GENIO HUMANO

Bernini fue artista y fue hombre: contradictorio, apasionado, excesivo.

EL BUSTO RELÁMPAGO

Inocencio X no quería posar para él. Bernini lo vio un instante, lo memorizó y talló un busto tan real que el papa, al verlo, murmuró: *Troppo vivo*.

LA AMANTE Y LA CICATRIZ

Se enamoró de Costanza Bonarelli, esposa de su ayudante. Cuando descubrió que ella se veía con su hermano, envió a un criado a marcarle el rostro. Escándalo mayúsculo, pero Urbano VIII lo protegió. El busto de Costanza, íntimo y humano, sobrevive como prueba de un amor feroz y destructivo.

* **El mármol blando**: En el Rapto de Proserpina, las manos de Plutón hundiéndose en el muslo provocaron que más de un visitante tocara la obra para comprobar si no era carne.

EL ÚLTIMO ACTO

Bernini murió en 1680, a los 81 años. Su entierro fue modesto, como él había pedido, en Santa María Maggiore. Sin pompa, sin columna, sin mármol nuevo. El hombre que había tallado la Roma barroca desapareció como un actor que, tras el aplauso, se retira sin esperar más ovaciones.

Pero su obra quedó. No como museo: como ciudad. Caminar por Roma es caminar por Bernini. Las plazas son sus escenarios, las fuentes sus arias, las iglesias sus camerinos. El agua y la piedra, la luz y la sombra, siguen jugando a lo mismo que él jugó: a emocionar.

Bernini no sólo dio forma al mármol: le dio tiempo, instante, movimiento. Donde otros veían materia muerta, él veía actores que esperaban su escena. Fue escultor, arquitecto, pintor, escenógrafo y, sobre todo, dramaturgo del Barroco.

Y aunque el mundo lo recuerde por sus santos extáticos y sus dioses mitológicos, quizá su mayor milagro fue hacernos olvidar que miramos piedra. Ante sus obras, uno no ve siglos pasados: ve presente absoluto.

En el fondo, Gian Lorenzo Bernini no trabajó para la historia del arte.

Trabajó para el asombro.

SAN AGUSTÍN DE HIPONA: LA LUZ EN LA OSCURIDAD

En la vasta penumbra de la historia, donde el eco de los pensamientos resuena como un canto lejano, se alza la figura de San Agustín de Hipona. Nacido en el año 354 d.C. en Tagaste, en la actual Argelia, su vida fue un viaje en búsqueda de la verdad, un camino que zigzagueó entre el deseo y la fe, la razón y el misterio. San Agustín no fue solo un hombre de su tiempo, sino un eterno buscador de luz en la oscuridad de la existencia humana.

DE LA BÚSQUEDA A LA CONVERSIÓN

Desde su infancia, Agustín se vio atrapado en un mundo de contradicciones. Su madre, Mónica, una cristiana devota, oraba sin cesar por la salvación de su hijo, mientras que su padre, Patricio, era un pagano impenitente que no compartía la fe de su esposa.

Este conflicto de creencias sembró en Agustín una inquietud que lo acompañaría durante toda su vida. Como un río que no encuentra su cauce, sus años de juventud estuvieron marcados por la búsqueda de placeres efímeros y la sed insaciable de conocimiento.

De su paso por Carthago, donde se entregó a la vida mundana (era un putero de mil pares) y a la retórica, brotaron las primeras anécdotas que revelan su lucha interna. En su célebre obra "Confesiones", relata cómo, en su juventud, se dejó llevar por el hedonismo y la búsqueda de la fama.

Sin embargo, la vida de Agustín no era un mero juego de sombras. En uno de esos momentos de introspección, se topó con un texto de San Pablo que resonó en su corazón: "No en comedias y borracheras, no en lujurias y desenfrenos, no en contiendas y envidias, sino revestíos del Señor Jesucristo." Este sencillo llamado a la conversión lo condujo a un momento decisivo en su vida, el cual describe con una intensidad que trasciende los siglos.

En el jardín de Milán, sumido en la confusión y la desesperanza, escuchó la voz de un niño que decía: "Toma y lee". Agustín, como un náufrago que encuentra un salvavidas, se arrodilló y tomó la Escritura. Fue entonces cuando se dio cuenta de que su búsqueda de verdad y sentido había terminado. La luz de Cristo iluminó su corazón, y la transformación que siguió fue profunda y radical. Desde ese instante, Agustín se convirtió en defensor de la fe cristiana, un faro que guiaría a otros en su propia oscuridad.

LA BÚSQUEDA DE LA VERDAD

San Agustín no se limitó a aceptar la fe sin cuestionamientos. Su mente inquisitiva lo llevó a profundizar en la filosofía y la teología, buscando respuestas a las preguntas más fundamentales de la existencia. En sus obras, como "La Ciudad de Dios" y "De Trinitate", articuló sus pensamientos con una claridad que aún hoy resuena en los corazones de quienes los leen.

Su concepto del tiempo es una de las anécdotas más significativas que nos legó. Agustín, reflexionando sobre la naturaleza del tiempo, se encontró en una encrucijada. "Si nadie me pregunta, lo sé; pero si quiero explicarlo a quien pregunta, no lo sé." Esta declaración revela la profundidad de su pensamiento. El tiempo, para él, no era una mera sucesión de instantes, sino un fenómeno que dependía de la percepción humana. En su lucha por entenderlo, Agustín vio el tiempo como un regalo de Dios, una oportunidad para crecer en amor y conocimiento.

LA BATALLA CONTRA EL MANIQUEÍSMO

A lo largo de su vida, Agustín se enfrentó a diversas corrientes filosóficas y religiosas, pero ninguna fue tan frustrante como el maniqueísmo. Esta doctrina, que presentaba un mundo dividido entre el bien y el mal, lo sedujo en su juventud. Sin embargo, con el tiempo, se dio cuenta de que esta visión dualista no podía explicar la complejidad de la existencia. La batalla contra el maniqueísmo lo llevó a profundizar en la naturaleza del mal, que, según él, no era una sustancia en sí misma, sino la privación del bien.

Esta lucha fue personal, y su experiencia se convirtió en el fundamento de su teología. En su obra "De Civitate Dei", Agustín defendió la idea de que el mal no tiene existencia propia, sino que es una consecuencia de la libre voluntad del ser humano. Esta comprensión no solo le permitió reconciliar su pasado, sino también ofrecer respuestas a los que se encontraban en la misma búsqueda de sentido.

LA VIDA MONÁSTICA Y EL LEGADO DE LA COMUNIDAD

Tras su conversión, San Agustín no solo se dedicó a la escritura y la predicación, sino que también fundó una comunidad monástica en Hipona. Su vida en comunidad fue un reflejo de su deseo de vivir el Evangelio en la práctica, en la simplicidad y en la fraternidad. En sus cartas y en sus escritos, se percibe el profundo amor que sentía por sus hermanos en la fe, así como su deseo de guiarlos hacia una vida de autenticidad y entrega a Dios.

Una anécdota que ilustra su visión comunitaria es su relación con los monjes de su comunidad. En una ocasión, un hermano se quejó de que otro monje no cumplía con las reglas. Agustín, en lugar de condenar o castigar, propuso que cada uno revisara su propia vida y sus propios defectos antes de señalar el error del otro. Este enfoque no solo fomentó la unidad, sino que también enfatizó la importancia de la humildad y la autoevaluación en la vida cristiana.

LA MUERTE Y LA ETERNIDAD

La vida de San Agustín no estuvo exenta de sufrimiento. En su obra "Las Confesiones", narra el dolor que sintió tras la muerte de su madre, Mónica. La pérdida de su guía espiritual dejó un vacío en su corazón, pero también lo llevó a profundizar en la comprensión de la vida eterna. Agustín escribió sobre la esperanza de la resurrección y la promesa de reunirse con sus seres queridos en la gloria de Dios. Este anhelo por la eternidad es uno de los elementos más bellos de su legado, una luz que brilla incluso en la tristeza.

El día de su muerte, en el año 430 d.C., las murallas de Hipona eran asediadas por los vándalos. En medio de la tormenta, San Agustín se encontraba en su celda, entregando su alma a Dios. Su vida fue un testimonio de la fe en medio de la adversidad, una entrega total al amor divino que nunca abandona a sus hijos.

LA INFLUENCIA PERDURABLE

San Agustín dejó un legado que ha perdurado a lo largo de los siglos. Su pensamiento ha influido en la teología cristiana, la filosofía, y la literatura. Su capacidad para abordar temas complejos con una profundidad poética ha hecho que su obra siga siendo estudiada y admirada. La riqueza de sus escritos ha inspirado a innumerables pensadores, desde los padres de la Iglesia hasta los filósofos contemporáneos.

En la actualidad, su vida y obra nos invitan a reflexionar sobre nuestra propia búsqueda de sentido. En un mundo donde la oscuridad a menudo parece prevalecer, Agustín nos recuerda que la luz de la fe puede brillar incluso en los momentos más oscuros. Su historia es un testimonio de la capacidad del ser humano para trascender sus limitaciones, encontrar la verdad y caminar hacia la luz.

LA LLAMA QUE ARDE ETERNAMENTE

San Agustín de Hipona no fue simplemente un pensador brillante; fue un hombre que vivió la lucha entre la razón y la fe, el deseo y la entrega. Su vida fue un viaje de transformación, desde las sombras de la confusión hasta la claridad de la verdad. Sus anécdotas, sus reflexiones, y su amor por Dios nos invitan a seguir buscando, a no descansar hasta encontrar la luz que disipa la oscuridad.

En su legado, encontramos una invitación a la introspección, a la humildad y a la comunidad. San Agustín, con su vida y su obra, nos recuerda que, aunque la búsqueda de la verdad puede ser un camino solitario, nunca estamos realmente solos. La luz de la fe, encendida por el amor divino, sigue brillando en cada rincón de la existencia, guiándonos hacia la eternidad.

Así, su historia se convierte en un faro de esperanza para todos los que, como él, buscan la verdad en medio de la noche.

CLAUDE BERNARD: EL SILENCIO DE LA HOMEOSTASIS

En la historia de la medicina, hay figuras cuya influencia se expande mucho más allá de las paredes de los laboratorios en los que trabajaron. Claude Bernard (1813-1878), fisiólogo francés, es una de esas raras mentes que, sin grandes gestos teatrales, transformaron el modo en que comprendemos la vida. Su contribución central —el concepto del *milieu intérieur*, germen de la idea moderna de homeostasis— cambió la fisiología para siempre y aún guía, más de un siglo después, la investigación biomédica. Bernard no inventó un aparato quirúrgico ni diseñó un fármaco milagroso, pero elaboró una noción fundamental: que la constancia del medio interno es condición esencial para una vida libre.

ORÍGENES HUMILDES Y EDUCACIÓN

Claude Bernard nació el 12 de julio de 1813 en Saint-Julien, una pequeña aldea en el Beaujolais, región vinícola de Francia. Su familia era modesta, sin abolengo académico ni vínculos con el mundo científico. Su padre, viticultor, esperaba que su hijo continuara el negocio familiar. Pero Bernard, de niño, ya mostraba un apetito intelectual peculiar: prefería desmontar relojes y examinar insectos antes que podar vides. Su educación formal comenzó en un colegio religioso local, donde destacó por su memoria y por su tendencia a formular preguntas que ponían nerviosos a sus profesores.

El joven Claude, sin embargo, no se encaminó directamente hacia la ciencia. Con 19 años se trasladó a Lyon para trabajar como aprendiz de boticario. Allí, entre frascos de vidrio y olor a tinturas, empezó a familiarizarse con el mundo de la química y la farmacología. Pero su ambición juvenil lo llevó, de manera algo errática, a París con la intención de dedicarse... a la dramaturgia. En sus maletas llevaba una tragedia titulada *Arthur de Bretagne*. El crítico literario Saint-Marc Girardin, tras leer el manuscrito, fue implacable: "Dedíquese usted a otra cosa". El golpe de sinceridad, aunque doloroso, empujó a Bernard hacia la medicina, carrera que comenzó en 1834.

PARÍS Y LA FORJA DEL CIENTÍFICO

En la Facultad de Medicina de París, Bernard tuvo un golpe de suerte decisivo: fue asignado como asistente del célebre fisiólogo François Magendie, pionero en la investigación experimental. Magendie era un personaje excéntrico y severo, pero su laboratorio era una escuela rigurosa para mentes inquietas. Allí, Bernard aprendió la importancia de la experimentación controlada y del método inductivo. Magendie, que solía desconfiar de las explicaciones teóricas, inculcó en su pupilo la máxima de que "los hechos deben guiar la razón, no al revés".

Durante esta etapa, Bernard desarrolló una de sus primeras aportaciones: el descubrimiento de que el hígado no solo almacena glucógeno, sino que también puede sintetizarlo a partir de precursores no glucídicos. Fue una revelación que rompía la idea, entonces dominante, de que el hígado era un simple almacén pasivo. El hallazgo abrió la puerta a la noción de que los órganos cumplen funciones activas para mantener el equilibrio interno.

EL *MILIEU INTÉRIEUR* Y LA HOMEOSTASIS

En 1854, Bernard fue nombrado profesor en el Collège de France. Fue en este periodo cuando cristalizó su pensamiento sobre el *milieu intérieur*. Observó que, a pesar de las variaciones externas (temperatura, dieta, actividad física), los organismos vivos mantienen sorprendentemente constantes ciertas condiciones internas: la temperatura corporal, el pH sanguíneo, la concentración de glucosa, entre otras. Este "medio interno" no era un simple espacio anatómico, sino un entorno químico estable en el que las células podían funcionar de forma óptima.

En su obra *Leçons sur les phénomènes de la vie communs aux animaux et aux végétaux* (1878), Bernard expuso su tesis: "La constancia del medio interno es la condición de la vida libre e independiente". Aunque él no usó el término "homeostasis" —sería acuñado por Walter Cannon en 1926—, su idea fundacional fue clara: el cuerpo no es un autómata pasivo que reacciona mecánicamente, sino un sistema regulado que busca la estabilidad frente a las perturbaciones.

Este concepto transformó la fisiología. Pasamos de una visión estática de los órganos a entenderlos como elementos dinámicos, integrados en una red de retroalimentación constante. Hoy, en medicina, hablar de homeostasis es casi tan común como hablar de células o de ADN, pero en tiempos de Bernard, era un cambio de paradi

OBRAS Y LEGADO ESCRITO

Bernard fue un prolífico escritor científico. Entre sus libros más influyentes se encuentra *Introduction à l'étude de la médecine expérimentale* (1865), una obra maestra sobre el método científico aplicado a la biología. En él defendía la experimentación como el núcleo de la investigación médica y rechazaba tanto el empirismo ciego como las hipótesis dogmáticas sin prueba.

En sus páginas dejó frases que han sobrevivido al paso del tiempo, como:

> "El arte de la experimentación es saber interrogar a la naturaleza, forzarla a responder mediante condiciones que nosotros mismos creamos".

Este texto sigue siendo citado en cursos de metodología científica y filosofía de la ciencia, pues anticipa la visión moderna de que la investigación es un diálogo entre hipótesis y datos.

EL HOMBRE DETRÁS DEL FISIÓLOGO

Aunque Bernard era metódico en el laboratorio, su vida personal tenía matices curiosos. Era conocido por su frugalidad: podía pasar horas en el laboratorio sin comer, y cuando lo hacía, a menudo olvidaba la hora de la cena en casa, para desesperación de su esposa. De hecho, su matrimonio con Marie-Françoise Martin tuvo altibajos notorios. Marie, defensora acérrima de los derechos de los animales, se escandalizaba por los experimentos viviseccionistas de Bernard. En un episodio famoso, llegó a fundar una sociedad protectora de animales mientras su esposo disecaba ranas en la habitación contigua. La tensión doméstica alcanzó un punto tal que terminaron separándose.

Otra anécdota lo muestra en un plano más humano: Bernard detestaba la política, pero era consciente de que sus investigaciones dependían de los fondos estatales. Cuando Napoleón III visitó su laboratorio, Bernard, incómodo con la etiqueta imperial, le explicó sus experimentos como si se los relatara a un estudiante de primer curso, sin concesiones a la retórica cortesana. El emperador, lejos de ofenderse, quedó fascinado por la claridad del científico y le otorgó un laboratorio mejor equipado.

ENFERMEDAD Y ÚLTIMOS AÑOS

A partir de 1869, Bernard empezó a sufrir problemas de salud, probablemente debidos a la exposición prolongada a sustancias químicas y a las condiciones poco higiénicas de los laboratorios decimonónicos. Continuó trabajando mientras pudo, pero la fatiga y el dolor lo obligaban a periodos de reposo. En 1876 fue nombrado senador vitalicio, un honor que aceptó más por cortesía que por ambición política.

Murió el 10 de febrero de 1878 en París. Fue el primer científico en recibir un funeral de Estado en Francia, señal inequívoca del prestigio que había alcanzado. En su lápida, más allá de fechas y cargos, podría haberse inscrito su frase más célebre: "La constancia del medio interno es la condición de la vida libre".

IMPACTO EN LA MEDICINA MODERNA

La idea de Bernard sobre la homeostasis es hoy la base de múltiples disciplinas médicas. Desde el manejo de pacientes críticos en cuidados intensivos —donde la monitorización de parámetros internos es esencial— hasta la endocrinología, la nefrología y la fisiología del ejercicio, todo bebe de ese principio de equilibrio dinámico.

En cardiología, su influencia es palpable: el mantenimiento del volumen sanguíneo, la regulación de la presión arterial o la adaptación del gasto cardíaco a las necesidades del organismo son expresiones puras del principio bernardiano. Incluso en áreas aparentemente alejadas, como la psicología, la noción de equilibrio interno se ha extendido para explicar la búsqueda de estabilidad emocional frente al estrés.

Claude Bernard no buscaba gloria personal ni discursos grandilocuentes. Su ambición era más sobria: desentrañar las leyes ocultas que gobiernan la vida. En tiempos de ciencia-espectáculo y titulares fugaces, su ejemplo recuerda que la verdadera genialidad reside en formular preguntas simples y responderlas con rigor. Su *milieu intérieur* no es solo una noción fisiológica: es también una metáfora de la serenidad intelectual necesaria para enfrentarse a la complejidad del mundo.

La medicina, en última instancia, sigue intentando lo que Bernard propuso: mantener constante ese frágil equilibrio que nos permite ser libres. Y cada vez que un monitor en una UCI registra una frecuencia cardíaca estable o un análisis de laboratorio confirma que el pH sanguíneo está en su rango normal, la sombra de Claude Bernard sigue presente, silenciosa, en el corazón de la clínica.

ARTURO PÉREZ-REVERTE: EL FRANCOTIRADOR DE LA LENGUA ESPAÑOLA

Arturo Pérez-Reverte es, en el ecosistema literario español, ese tipo que no solo llega tarde a la fiesta, sino que, al entrar, apaga la música, enciende las luces y pregunta quién demonios ha escogido la lista de canciones. Luego se sirve un whisky, se sienta en un rincón y, cuando los demás empiezan a murmurar, suelta un comentario tan afilado que medio salón ríe... y la otra mitad lo odia para siempre.

No nació para hacer amigos. Nació para escribir y, sobre todo, para escribir como le da la gana. Y esa independencia, en un país donde hasta los tertulianos de la madrugada se cuidan de no pisar callos, es un superpoder raro.

DEL FRENTE DE GUERRA AL FRENTE EDITORIAL

Antes de vender millones de libros, Pérez-Reverte fue reportero de guerra. No de esos que viajan al conflicto para grabar dos minutos y volver corriendo al hotel de cuatro estrellas, sino del tipo que acaba durmiendo en una trinchera mientras alguien dispara de verdad. Bosnia, El Salvador, Angola... lugares donde la ironía no es un recurso literario, sino una herramienta de supervivencia.

Esa experiencia dejó cicatrices y una visión del mundo que ni la Real Academia Española puede pulir: la certeza de que la estupidez es infinita y que el heroísmo, cuando existe, es casi siempre accidental.

Por eso, cuando colgó el chaleco antibalas para dedicarse a las letras, no se convirtió en el típico escritor encerrado en un ático bohemio. Llevó consigo el instinto del periodista que huele el humo antes de que empiece el fuego.

ARTICULISTA CON LICENCIA PARA INCOMODAR

En su faceta de articulista, Pérez-Reverte es un francotirador. Abre fuego sin previo aviso, con puntería de cirujano y sin remordimientos. Sus columnas —esas pequeñas emboscadas semanales— no se leen: se sobreviven. Y lo mejor es que no discrimina: reparte estopa a izquierda, derecha, arriba y abajo.

La política, para él, es un zoológico mal cuidado, y sus artículos son las crónicas del visitante que, entre el asombro y el asco, describe cómo un grupo de primates arrojándose excrementos se parece demasiado al Congreso de los Diputados.

Claro que este estilo tiene un precio: hay lectores que lo acusan de soberbio. Y sí, lo es. Pero es que en España, si no aparentas humildad, te tachan de arrogante. Pérez-Reverte, fiel a su naturaleza, ni lo disimula. Prefiere ser acusado de engreído que de hipócrita.

TWITTER (o X). SU SEGUNDO CAMPO DE BATALLA

Y entonces llegó Twitter (ahora X), y con él, la demostración de que, con un teclado, Pérez-Reverte puede generar más bajas que en un bombardeo verbal. Su perfil se convirtió en una mezcla de trinchera y taberna, donde el que entraba insultando salía con un zamarreo literario de tres líneas y coma bien puesta.

¿Un tuitero le llama "facha"? Él responde con una referencia histórica y un recordatorio de que, probablemente, el insultador no ha leído nada más largo que un subtítulo de TikTok. ¿Otro le acusa de misógino? Contesta con un párrafo sobre heroínas históricas que el indignado jamás había oído nombrar. Y así, uno tras otro, como si coleccionara trofeos de caza digital.

Esa actitud le ha ganado legiones de detractores, pero también seguidores que esperan cada "zasca" como quien aguarda el próximo capítulo de una serie. Y lo más gracioso es que nunca parece buscar la pelea: simplemente no sabe morderse la lengua... ni quiere aprender.

EL NOVELISTA Y SUS BATALLAS LARGAS

Como novelista, Pérez-Reverte es un estratega. Sabe que la trama es un ejército y que los personajes son soldados: algunos ganan la guerra, otros caen en el primer capítulo. Sus primeras obras, como *El húsar*, *La tabla de Flandes* o *El club Dumas*, fueron victorias rápidas: intriga, cultura, referencias históricas y un toque de misterio que gustó dentro y fuera de España.

Luego llegó *Territorio comanche*, que parecía escrita con pólvora todavía fresca, y que le recordó al lector que el autor seguía oliendo a guerra.

No todo ha sido gloria. Hay novelas que se alargan como sobremesa de boda y personajes que parecen existir solo para que el autor luzca erudición. Pero incluso en sus páginas menos inspiradas, siempre hay un párrafo, una frase, un diálogo que es puro Reverte: una mezcla de sarcasmo y lucidez que vale el precio de la entrada.

EL HITO LLAMADO ALATRISTE

Y entonces, en 1996, apareció *El capitán Alatriste*. Un personaje que, para muchos, es lo más grande que ha hecho Pérez-Reverte. Un soldado del Siglo de Oro español, veterano, desencantado, tan letal con la espada como parco en palabras. Un tipo que no se parece a los héroes de Hollywood: no siempre gana, no siempre es justo, y jamás es perfecto.

La novela, y las que siguieron en la saga, fueron un éxito rotundo. Alatriste puso de moda el siglo XVII entre adolescentes que, hasta entonces, solo lo asociaban con fechas de examen. Y todo gracias a un antihéroe que vive en una España sucia, llena de traiciones y de políticos tan corruptos como los de hoy, solo que con más encajes y menos micrófonos.

Se hizo película —que mereció mejor suerte— y serie de televisión. Y aunque la saga tiene altibajos, el personaje se quedó grabado en el imaginario colectivo. En un país que olvida rápido, eso es casi un milagro.

LA INCORRECCIÓN COMO ARTE

Pérez-Reverte tiene un talento poco común: decir lo que piensa sin importar quién se ofenda. Lo practica en artículos, novelas y redes sociales. Y, lo más interesante, lo hace con una mezcla de documentación y mala leche que desarma a cualquiera que no esté preparado.

Si critica algo, es porque lo ha investigado. Si se burla de alguien, es porque ha encontrado la grieta exacta donde encajar la daga verbal. Y aunque a veces se recrea demasiado en su propio ingenio, pocas veces dispara al aire: casi siempre acierta en el blanco.

POLÉMICAS COMO DEPORTE

A lo largo de los años, ha acumulado un historial de polémicas digno de un político, pero sin las promesas vacías. Ha discutido con feministas y con machistas, con republicanos y con monárquicos, con defensores del cambio climático y con negacionistas. No por llevar la contraria, sino porque la corrección política le provoca sarpullido.

Su filosofía parece clara: en un mundo de opiniones blandas, la única opinión que merece la pena es la que puede incomodar.

OFICIO Y OBSESIÓN

Otra cosa que no se le puede negar es el oficio. Pérez-Reverte no escribe "a ver qué sale": investiga, consulta archivos, busca el detalle exacto que le dará verosimilitud a una escena. Esa obsesión por la precisión lo ha salvado de caer en el cliché histórico, aunque a veces su pedantería enciclopédica se le escape entre párrafos.

Esa misma obsesión es la que hace que sus insultos —cuando los lanza— duelan más: están basados en datos, no en prejuicios.

ENTRE EL APLAUSO Y EL ABUCHEO

Hoy, Arturo Pérez-Reverte es un escritor que vende miles de ejemplares y, al mismo tiempo, provoca miles de enfados. Y no parece importarle. Al contrario: da la sensación de que considera cada indignado como una confirmación de que está haciendo bien su trabajo.

Sus lectores fieles lo ven como un último bastión de libertad de expresión en un panorama cada vez más encorsetado. Sus detractores lo acusan de ser un cascarrabias que vive anclado en otro siglo. Y ambos bandos, sin quererlo, contribuyen a mantenerlo en el centro del escenario.

Quizá el secreto de Pérez-Reverte esté en que, como Alatriste, sabe que las batallas casi siempre se pierden, pero que la dignidad está en luchar igual. Que la corrección política es un muro que se derrumba mejor con ironía que con ladrillos. Y que, en un país que olvida sus héroes en cuanto cambia el algoritmo de las redes, crear un personaje como Alatriste es dejar una cicatriz imborrable.

Puede que a muchos les guste más su faceta de articulista (yo incluido), pero negar que *El capitán Alatriste* marcó un hito sería tan ridículo como pedirle a Pérez-Reverte que escriba sin sarcasmo.

En su caso, el sarcasmo no es un adorno: es su ADN.

MARK TWAIN. LA CONCIENCIA MORDAZ DE AMÉRICA

"No andes diciendo que el mundo te debe algo. El mundo no te debe nada: estaba aquí antes que tú."

—Mark Twain

Hay escritores que narran para entretener, otros para instruir. Pero muy pocos, como **Mark Twain**, lo hacen para arrancarnos una carcajada mientras desuellan con faca fina las costumbres, las hipocresías y las grandezas ficticias de su tiempo. Nacido Samuel Langhorne Clemens en 1835, y bautizado literariamente como Mark Twain —término náutico que marca la profundidad segura del agua—, fue en uno de los más agudos cronistas sociales de Estados Unidos, y, por qué no decirlo, en su conciencia más burlona y lúcida.

Fue novelista, humorista, conferencista, viajero incansable, escéptico y visionario. Twain no sólo escribió *Tom Sawyer* o *Huckleberry Finn*, sino que inventó un idioma literario estadounidense basado en el habla viva del pueblo y, más aún, encarnó la **duda sistemática frente a todo dogma**: político, religioso, militar o patriótico. Fue, como él mismo dijo, *"un moralista disfrazado de bufón"*.

Twain nació en Florida, Misuri, pero su alma literaria se forjó en Hannibal, un puerto fluvial sobre el Misisipi. Allí convivió con la pobreza, la esclavitud y las travesuras infantiles, y de ese barro nació el oro literario de *Las aventuras de Tom Sawyer* y *Las aventuras de Huckleberry Finn*. El joven Clemens abandonó la escuela a los once años tras la muerte de su padre y empezó a trabajar como aprendiz de impresor. Más tarde sería piloto de barco, oficio que amó, y que se volvió inviable cuando la Guerra Civil paralizó el tráfico fluvial.

Su infancia, pese a sus carencias, fue rica en observación. *"Cuando era niño, podía mirar el río durante horas sin aburrirme. Era como leer un libro sin letras, pero con muchas historias"*, escribiría más tarde. Y es que Twain, desde niño, desarrolló esa capacidad poco común de observar lo cotidiano con mirada de forense satírico.

LA RANA QUE LO LANZÓ A LA FAMA

En 1865, una historia publicada en el *New York Saturday Press* cambiaría su destino. *"La célebre rana saltarina del condado de Calaveras"* fue todo un fenómeno editorial. Humor rústico, personaje pícaro, animal entrenado, y una estafa que solo podía producirse en una taberna con bourbon.

A partir de allí, Twain se convirtió en cronista estrella.

Su primer gran libro fue *The Innocents Abroad* (*Los inocentes en el extranjero*, 1869), resultado de un viaje en crucero por Europa y Tierra Santa. En lugar de las típicas crónicas reverentes, Twain se burló de guías turísticos pomposos, monumentos sobrevalorados y turistas americanos ansiosos por parecer sofisticados. La obra fue un éxito brutal: sólo la Biblia vendió más ese año.

En el viaje conoció, indirectamente, a Olivia Langdon, hija de un acaudalado industrial, cuya miniatura en marfil le mostró un pasajero del barco. Twain se enamoró al instante. Tras un cortejo persistente y algo accidentado, se casaron en 1870. Ella fue su gran amor, su editora informal, y la única persona capaz de domar —a ratos— su sarcasmo.

En su etapa de plenitud, Twain escribió sus obras más perdurables. *Tom Sawyer* (1876) y *Huckleberry Finn* (1884) no son meros libros de aventuras infantiles, sino agudas críticas sociales disfrazadas de juegos. Huck, sobre todo, representa el conflicto entre la conciencia individual y la moral esclavista del Sur. "Está bien entonces, iré al infierno", dice el niño, tras decidir ayudar al esclavo fugitivo Jim, aunque crea que con ello se condena. Esa frase, sencilla y devastadora, contiene toda la ética del siglo XIX puesta patas arriba. Es como James Joyce al principio de su Ulyses: *"¿Me contradigo? Pues vale...me contradigo"*

Twain no era un teórico. Su crítica no venía de panfletos, sino de la experiencia directa. Había visto linchamientos, escuchado sermones racistas, y conocido esclavos que le enseñaron cuentos africanos y le regalaron su idioma. Por eso su literatura está viva: porque no parte de abstracciones, sino de humanidad.

Otras obras suyas —*El príncipe y el mendigo* (1881), *Un yanqui en la corte del Rey Arturo* (1889)— utilizan la sátira histórica para desenmascarar la injusticia social, la monarquía, la ignorancia institucionalizada. Siempre desde la carcajada, pero con un cuchillo afilado debajo de la mesa.

Mark Twain fue también un formidable conferencista. Sus giras por Estados Unidos y Europa eran eventos multitudinarios. Tenía el don de hablar como escribía: con precisión de operador y humor de saloon. Pero también tenía el don —o la maldición— de invertir mal su dinero. Una imprenta automática fallida, negocios ruinosos y una aversión al ahorro lo llevaron a la bancarrota.

Para saldar sus deudas, emprendió una gira mundial entre 1895 y 1896: India, Sudáfrica, Australia, Nueva Zelanda, Ceilán, Inglaterra. De allí salió *Following the Equator* (*Siguiendo el Ecuador*), un libro menos festivo y más político. En él, Twain denuncia el colonialismo británico, el racismo, la arrogancia de los imperios. En India, escribe: *"La diferencia entre un inglés y un tigre es que el tigre mata por hambre"*.

Ese libro muestra al Twain maduro, menos payaso, más pensador. Atacó al rey Leopoldo II por sus atrocidades en el Congo, criticó la intervención estadounidense en Filipinas, y escribió ensayos donde el sarcasmo se convertía en furia: *The War Prayer*, por ejemplo, es una pieza devastadora sobre el fervor patriótico ciego, donde un ángel revela que rezar por la victoria implica, inevitablemente, rezar por la destrucción del enemigo.

CITAS QUE MUERDEN Y ANÉCDOTAS QUE RESPIRAN

Twain fue un generador imparable de frases lapidarias. Algunas de las más conocidas:

- "La verdad es más extraña que la ficción, porque la ficción está obligada a atenerse a las posibilidades."

- "No temo a la muerte. Estuve muerto durante miles de millones de años antes de nacer y no me causó el menor inconveniente."

- "Si dices la verdad, no tendrás que recordar nada."

Pero su leyenda no está hecha sólo de frases. También de anécdotas. Una vez, una dama le dijo: "Sr. Twain, ¡qué discurso tan maravilloso! Me hizo llorar." Él respondió: "Gracias. Si hubiera sido mejor, la habría hecho sangrar." En otra ocasión, al leer en un periódico británico que había muerto, escribió a sus editores: *"Los informes sobre mi muerte han sido exagerados"*.

Tenía un sentido del humor tan agudo que incluso su tristeza cortaba.

Cuando su hija Jean murió repentinamente en 1909, escribió: *"Era el alma más noble que he conocido jamás. Y ahora está muerta. ¿Qué sentido tiene que yo siga vivo?"*

En sus últimos años, Twain se vistió casi siempre de blanco, como si quisiera reflejar luz en un mundo que le parecía cada vez más oscuro. Había perdido a su esposa, a dos hijas, a varios amigos. Y aunque recibía honores —como el doctorado honoris causa de Oxford en 1907—, su literatura se volvió más sombría: *El forastero misterioso*, publicado póstumamente, es una parábola pesimista sobre la crueldad del hombre y el sinsentido del universo.

El 21 de abril de 1910, Mark Twain murió en su casa de Redding, Connecticut. El cometa Halley, que había estado en el cielo cuando él nació, regresó al día siguiente. Twain lo había predicho: *"Vine con el cometa y me iré con él"*.

No podía ser de otra forma. La historia rara vez se rima a sí misma con tanta precisión.

Hoy, Twain sigue siendo leído, citado, adaptado, debatido. *Huckleberry Finn* es a la vez una obra maestra y un campo minado cultural, por su lenguaje, su contexto, sus desafíos morales. Pero más allá de debates escolares, su estilo ha contaminado —para bien— toda la literatura estadouniden-se. De Faulkner a Vonnegut, de Hemingway a David Foster Wallace, todos le deben algo. O mucho.

Y es que Twain no escribió para la academia, sino para la conciencia. No inventó argumentos elaborados, sino personajes que respiran, ríen y sangran. No se instaló en el púlpito, sino en el porche. No escribió panfletos, sino espejos.

Ese espejo que todavía, más de un siglo después, nos incomoda. Porque cuando lo leemos, no vemos sólo a Tom, Huck, Jim, o un rey falso en el Mississippi. Nos vemos a nosotros mismos. Riéndonos. Dudando. Pensando.

"La historia no se repite, pero a veces rima."

—Mark Twain

JOSÉ SARAMAGO. UN MAESTRO DE LA LITERA-TURA CONTEMPORÁNEA

José Saramago, el célebre novelista portugués y ganador del Premio Nobel de Literatura en 1998, es una figura que ha dejado una huella indeleble en el mundo literario contemporáneo. Con una obra, marcada por un estilo único y provocador, se adentra en las profundidades de la condición humana, explorando sus miserias y virtudes a través de narrativas que desafían las convenciones literarias tradicionales.

Mi primer encuentro con su escritura fue a través de *«Ensayo sobre la ceguera»*, una experiencia que me dejó impactado y cavilando sobre la naturaleza humana durante días. Su descripción es tan realista que estuve con nauseas cada vez que lo pensaba; y lo pensé mucho.

Este libro, que retrata la descomposición social de una población que repentinamente queda ciega, es un ejemplo poderoso de la maestría de Saramago en capturar la esencia de la existencia humana.

LA ESCRITURA COMO REFLEJO DE LA CONDICIÓN HUMANA

El estilo de Saramago es inconfundible. La carencia casi total de puntuación que caracteriza sus obras puede resultar desconcertante para los lectores acostumbrados a la estructura más convencional de la narrativa- a mi me volvía loco hasta que le pillé el cacho -.

En su literatura, la ausencia de comas, puntos y comas, así como de puntos seguidos, crea un flujo continuo de pensamiento que refleja la confusión y la desesperación de los personajes. Esta técnica, lejos de ser un mero capricho estilístico, se convierte en un vehículo para transmitir la angustia y el caos que se desatan en una sociedad que pierde su visión y, con ella, su humanidad.

El relato inicia con una ceguera repentina que afecta a la población de una ciudad anónima, un fenómeno inexplicable que desencadena una serie de eventos que revelan las entrañas de la sociedad. En medio de este desastre, Saramago no solo pone de manifiesto la fragilidad de las estructuras sociales, sino que también expone la capacidad del ser humano para mostrarse tanto solidario como egoísta. La ceguera se convierte en una metáfora de la incapacidad de ver más allá de uno mismo, de la falta de empatía y de la deshumanización que a menudo acompaña a las crisis.

Este libro me confrontó con las miserias del ser humano de una manera visceral. Las descripciones crudas de la violencia, el miedo y la desesperación me llevaron a reflexionar sobre la naturaleza de nuestra existencia y los límites de la moralidad. La prosa de Saramago se convierte en un espejo en el que podemos ver nuestras propias fallas y temores, lo que provoca una profunda inquietud en el lector. La capacidad del autor para plasmar estas realidades de forma tan vívida es un testimonio de su maestría y su profundo entendimiento de la condición humana.

REVOLUCIÓN DEL LENGUAJE

Una de las características más distintivas de la obra de Saramago es su enfoque innovador del lenguaje. Si bien autores como Miguel de Unamuno también experimentaron con la forma y la estructura, Saramago lleva esta exploración a un nivel diferente. Su uso del diálogo es notoriamente fluido, lo que provoca que las voces de los personajes se entrelacen de manera orgánica en el texto. A menudo, los lectores se ven inmersos en conversaciones que no siempre están claramente delimitadas, creando un sentido de realismo que refleja la complejidad de la comunicación humana.

Este estilo particular puede resultar desafiante, pero también es profundamente gratificante. La lectura de Saramago exige atención y concentración, lo que permite al lector involucrarse de manera activa en la construcción del significado. Cada pausa y cada giro de frase se convierten en oportunidades para reflexionar sobre el contenido, obligando al lector a interactuar con el texto de una manera más íntima y personal. Esta característica se convierte en un elemento esencial para comprender la profundidad de sus ideas y la crítica social que subyace en su obra.

LA CRÍTICA SOCIAL

Los temas de crítica social y política son fundamentales en la obra de Saramago. En «Ensayo sobre la ceguera», el autor no solo examina las reacciones de los individuos ante la crisis, sino que también critica la ineficacia de las instituciones que deberían velar por el bienestar de la sociedad. La ceguera colectiva se convierte en una metáfora de la desconexión entre las autoridades y los ciudadanos, así como de la incapacidad de los sistemas para hacer frente a las crisis de forma efectiva.

A través de su narrativa, Saramago plantea preguntas inquietantes sobre la moralidad, la justicia y el poder. ¿Qué sucede cuando la civilización se desmorona? ¿Qué significa ser humano en un mundo donde los instintos primarios prevalecen sobre la razón? Estas preguntas resuenan en la mente del lector mucho después de haber cerrado el libro, incitándonos a cuestionar nuestras propias creencias y valores.

La crítica social en la obra de Saramago no es superficial; está impregnada de una comprensión profunda de la historia y la cultura. Su capacidad para entrelazar la ficción con la realidad histórica permite que sus reflexiones trasciendan el tiempo y el espacio, convirtiéndose en una crítica atemporal de la condición humana. En un mundo donde la deshumanización y la indiferencia parecen prevalecer, su obra se erige como un llamado a la reflexión y la acción.

UN HUMANISTA COMPROMETIDO

Más allá de su talento literario, José Saramago fue un humanista comprometido. A lo largo de su vida, expresó su preocupación por las injusticias sociales y políticas que afectan a la humanidad. Su activismo se refleja en su obra, donde aborda temas como la pobreza, la guerra, la opresión y la desigualdad. Saramago no se limitó a ser un observador pasivo; se convirtió en un abanderado de los derechos humanos y un crítico de las estructuras de poder que perpetúan la injusticia.

Su compromiso social se traduce en una profunda empatía hacia los personajes que crea. A menudo, sus protagonistas son individuos comunes que luchan contra circunstancias adversas, lo que permite a los lectores identificarse con sus luchas y sufrimientos. Esta conexión emocional es una de las razones por las que la obra de Saramago resuena con tanta fuerza en el corazón de los lectores. Nos invita a mirar más allá de nuestras propias vidas y a reconocer el sufrimiento de los demás, instándonos a actuar en favor de la justicia y la compasión.

La obra de Saramago ha dejado un legado perdurable en la literatura mundial. Sus novelas, ensayos y relatos cortos han sido traducidos a numerosos idiomas y han influido en generaciones de escritores y pensadores. Su enfoque innovador del lenguaje y su capacidad para abordar temas complejos con profundidad y sensibilidad han consolidado su lugar en el panteón de la literatura contemporánea.

Sin embargo, el legado de Saramago va más allá de su contribución literaria. Su vida y su trabajo nos recuerdan la importancia de cuestionar las normas y de luchar por un mundo más justo. Nuestra realidad, en la que la deshumanización y la indiferencia parecen dominar, su voz se erige como un reflector de esperanza y un llamado a la acción. A través de su escritura, nos invita a enfrentar nuestras propias cegueras y a buscar una comprensión más profunda de nosotros mismos y de los demás.

José Saramago es, sin duda, un maestro de la literatura contemporánea. Su capacidad para explorar las complejidades de la condición humana a través de un estilo audaz y provocador lo convierte en una figura imprescindible en el panorama literario. Con «Ensayo sobre la ceguera», experimenté una transformación en mi comprensión de la literatura y de la naturaleza humana. Su prosa, cargada de significado y emoción, me llevó a reflexionar sobre la sociedad en la que vivimos y sobre nuestras propias limitaciones.

La obra de Saramago es un testimonio de la capacidad del arte para desafiar, conmover y provocar la reflexión. En un mundo que a menudo parece estar sumido en la oscuridad, su legado literario sigue iluminando los caminos de la empatía y la comprensión.

A través de su escritura, nos recuerda que, aunque la ceguera puede ser una condición humana, la capacidad de ver y actuar con compasión está siempre al alcance de nuestras manos.

OSCAR WILDE: DIOS DE LA IRONÍA

Oscar Wilde es una de las figuras más fascinantes de la literatura del siglo XIX. Nacido en Dublín en 1854, su vida estuvo marcada por una brillante carrera literaria, así como por escándalos y tragedias personales que lo convirtieron en un símbolo de la búsqueda de la belleza y la verdad en un mundo a menudo superficial y cruel.

Wilde no solo es conocido por su ingenio mordaz y su estilo flamboyante, sino también por su capacidad para encapsular verdades profundas en frases memorables y lapidarias. Su obra y su vida son un testimonio de la lucha entre el individuo y las convenciones sociales, así como una celebración de la ironía que permea la existencia humana.

LA VIDA DE OSCAR WILDE

Oscar Fingal O'Flahertie Wills Wilde nació el 16 de octubre de 1854 en Dublín, Irlanda. Desde una edad temprana, mostró un talento excepcional para la literatura y la oratoria, lo que lo llevó a estudiar en el Trinity College de Dublín y posteriormente en el Magdalen College de Oxford. Durante su tiempo en Oxford, Wilde se vio influenciado por el movimiento estético, que promovía la idea del "arte por el arte". Este enfoque se convirtió en un pilar de su pensamiento y se reflejó en su trabajo posterior.

Tras completar sus estudios, Wilde se mudó a Londres, donde rápidamente se convirtió en una figura prominente de la sociedad victoriana. Su estilo de vida extravagantemente bohemio, junto con su ingenio agudo, lo hicieron popular entre los círculos literarios y sociales. Sin embargo, Wilde también enfrentó críticas por su estilo de vida y su homosexualidad, que en esa época era un tabú y un delito en Gran Bretaña.

UN EMBAJADOR LITERARIO

La producción literaria de Wilde es vasta y variada, abarcando desde poesía y ensayos hasta obras de teatro y novelas. Entre sus obras más destacadas se encuentran "El retrato de Dorian Gray", "La importancia de llamarse Ernesto" y "El fantasma de Canterville".

EL RETRATO DE DORIAN GRAY

Publicada en 1890, "El retrato de Dorian Gray" es quizás su obra más famosa. La novela explora la relación entre la belleza, la moralidad y la decadencia. Dorian Gray, un joven de extraordinaria belleza, se convierte en el objeto de admiración de Basil Hallward, un pintor que lo retrata. A medida que Dorian se obsesiona con su propia apariencia, hace un pacto para que su retrato envejezca en su lugar. La novela es una profunda reflexión sobre la superficialidad de la sociedad y la inevitable decadencia del alma humana.

LA IMPORTANCIA DE LLAMARSE ERNESTO

Por otro lado, "La importancia de llamarse Ernesto", estrenada en 1895, es una comedia de enredos que satiriza las convenciones sociales de la época. A través de diálogos ingeniosos y situaciones absurdas, Wilde critica la hipocresía de la sociedad victoriana. La obra se destaca por su aguda crítica social, así como por sus diálogos memorables que han perdurado a lo largo del tiempo.

ENSAYOS Y CRÍTICA SOCIAL

Wilde también fue un prolífico ensayista. Sus ensayos, como "El crítico como artista", abordan la naturaleza del arte y la estética. En estos textos, Wilde defiende la idea de que el arte debe existir por sí mismo, sin la necesidad de justificación moral o social. Esta visión provocó debates y controversias que aún resuenan en la crítica literaria contemporánea.

LA IRONÍA COMO ESTILO DE VIDA

Uno de los rasgos más distintivos de Wilde es su uso magistral de la ironía. Su aguda percepción de las contradicciones de la vida y su capacidad para expresarlas de manera humorística lo convierten en un maestro de la ironía. Wilde utilizaba la ironía no solo como una herramienta literaria, sino también como una forma de resistencia frente a las normas sociales restrictivas de su época.

Uno de sus aforismos más célebres, "La vida imita al arte mucho más que el arte imita a la vida", ejemplifica su visión irónica de la existencia. En esta afirmación, Wilde sugiere que la realidad a menudo se conforma a las expectativas y las representaciones artísticas, lo que subraya la complejidad de la relación entre la vida y el arte.

MOMENTOS MEMORABLES

La vida de Wilde está repleta de anécdotas fascinantes que reflejan su personalidad extravagante y su agudo sentido del humor. Algunas de estas historias han pasado a la historia como ejemplos de su ingenio y su estilo de vida bohemio.

La Cena en la Casa de los Peers

Una de las anécdotas más famosas sobre Wilde ocurrió durante una cena en casa de un noble británico. Durante la velada, Wilde se sentó junto a un político conservador que comenzó a criticar la homosexualidad. En respuesta, Wilde, con su inconfundible ingenio, dijo: "No tengo la culpa de que tú no puedas soportar el dolor de que me ames más que a ti mismo". Esta respuesta no solo dejó a la audiencia boquiabierta, sino que también reflejaba la valentía de Wilde al enfrentar la hipocresía de su tiempo.

El Proceso Judicial

El escándalo más significativo de la vida de Wilde fue su eventual encarcelamiento por "indecencia grave" debido a su relación con Lord Alfred Douglas. En 1895, Wilde fue arrestado y condenado a dos años de prisión, un período que marcó un antes y un después en su vida. Durante su tiempo en prisión, Wilde escribió "De Profundis", una carta profunda y reflexiva dirigida a Douglas, donde abordaba su sufrimiento y su búsqueda de redención.

LA TRAGEDIA DE LA VIDA DE WILDE

La vida de Oscar Wilde es, en muchos sentidos, una tragedia. A pesar de su éxito literario y de su influencia en la sociedad, fue víctima de la intolerancia y la hipocresía de su tiempo. Su encarcelamiento tuvo un impacto devastador en su salud y en su vida personal. Tras su liberación, Wilde se mudó a Francia, donde vivió en la pobreza y el exilio, alejándose de la sociedad que una vez lo había aclamado.

Wilde murió el 30 de noviembre de 1900 en París, apenas tres años después de su liberación. Su muerte prematura fue el resultado de una serie de problemas de salud, pero también se puede ver como una consecuencia del sufrimiento emocional y social que había experimentado a lo largo de su vida.

A pesar de las adversidades, el legado de Oscar Wilde perdura. Su obra sigue siendo estudiada y celebrada en todo el mundo, y su influencia se puede ver en numerosos escritores, dramaturgos y artistas contemporáneos. La ironía, el humor y la belleza estética que caracterizan su trabajo continúan resonando en la literatura actual.

Wilde es recordado no solo como un brillante escritor, sino también como un defensor de la individualidad y la libertad personal. Su vida y su obra son un testimonio de la lucha contra la opresión y la búsqueda de la autenticidad en un mundo que a menudo exige conformidad.

Oscar Wilde, el dios de la ironía y las frases lapidarias, nos deja un legado invaluable que invita a la reflexión. Su vida, marcada por el esplendor y la tragedia, sirve como un recordatorio de la complejidad de la existencia humana. A través de su ingenio y su aguda crítica social, Wilde nos desafía a cuestionar las normas y a encontrar nuestra propia voz en un mundo que a menudo parece dictar cómo debemos vivir.

La ironía de su vida, su capacidad para encontrar el humor en la tragedia y su valentía para ser verdadero consigo mismo son lecciones que resuenan con fuerza en la actualidad. En un momento en que el arte y la autenticidad son más importantes que nunca, la obra de Oscar Wilde sigue siendo un faro de inspiración, recordándonos que la belleza y la verdad a menudo se encuentran en los lugares más inesperados.

«La única diferencia entre un capricho y un amor eterno, es que e capricho dura un poco más»

EPÍLOGO: UN OCÉANO DE ADMIRACIÓN

Estas páginas, estas palabras, solo representan una gota en un océano inmenso. Un océano formado por las olas de la creatividad, la pasión y el talento de innumerables autores y obras que han resonado profundamente en mi ser.

He intentado, a través de estas breves líneas, transmitir una fracción de la admiración que siento por la riqueza de artistas que nos rodea.

Cada escultura, arquitectura, danza, libro, poema, ensayo leído ha sido un viaje, una experiencia única que ha enriquecido mi perspectiva del mundo y de la condición humana.

Desde las épicas aventuras de la literatura fantástica hasta la introspección profunda de la poesía contemporánea, cada obra ha dejado una huella imborrable en mi alma.

He mencionado algunos nombres, algunas obras, pero la lista es interminable. Miles de autores anónimos y conocidos, de todas las épocas y culturas, merecen ser celebrados. Sus historias, sus ideas, sus mundos imaginarios, son un legado invaluable que debemos proteger y transmitir a las futuras generaciones.

Este pequeño compendio de escritos es solo un testimonio de mi profunda gratitud hacia aquellos que, con sus palabras, han iluminado mi camino y me han ayudado a comprender mejor el mundo que me rodea.

Es un humilde homenaje a la grandeza de la literatura y a la inagotable fuente de inspiración que representa.

Quedan muchos autores y obras por descubrir, muchos mundos por explorar. Este viaje continúa, y espero seguir aprendiendo y creciendo con cada nueva lectura, cada nueva experiencia literaria.

Porque el arte, en su infinita variedad, es un tesoro sin fin que siempre nos ofrece algo nuevo por descubrir.